BTS

KURŞUN GEÇİRMEZ İZCİLERİN YÜKSELİŞİ

CARA J. STEVENS

BEYAZ BALİNA

 1. Baskı: Beyaz Balina Yayınları, İstanbul 2018

Beyaz Balina Yayınları

BTS: KURŞUN GEÇİRMEZ İZCİLERİN YÜKSELİŞİ

CARA J. STEVENS

ÖZGÜN ADI: BTS: Rise of Bangtan

ISBN: 978-605-188-375-5

YAYINEVİ SERTİFİKA NO: 13695

MATBAA SERTİFİKA NO: 12150

Yayın yönetmeni: Bülent Oktay

Editör: Arzu Sarı

Son Okuma: Nehir Oktay

Ön Kapak Fotoğrafı: Denise Truscello/BBMA2017/Contour/Getty Images

Arka Kapak Fotoğrafı: Jeff Kravitz/FilmMagic, Inc/Getty Images

Kapak Tasarımı: Jessie Gang

Kapak ve Sayfa düzenleme: Ayşe Çalışkan

Özlem Matbaacılık ve Reklamcılık Ltd. Şti.

Litros Yolu 2. Matbaacılar Sanayi Sitesi Bodrum Kat No: 2bb4

Topkapı–İstanbul

Cilt: Özlem Matbaacılık, İstanbul

Beyaz Balina Yayın Sanat Dağıtım Paz. San. ve Tic. Ltd. Şirketi

Maltepe Mah. Davutpaşa Cad. MB İş Merkezi No: 14 K: 1 D: 1

Zeytinburnu / İstanbul

Tel: 0212 544 41 41 - 544 66 68 - 544 66 69

Faks: 0212 544 66 70

info@beyazbalina.com.tr

İÇİNDEKİLER

JIN

Yonhap News/YNA/Newscom

RM

Yonhap News/YNA/Newscom

JIMIN

Yonhap News/YNA/Newscom

J-HOPE

Yonhap News/YNA/Newscom

SUGA

Yonhap News/YNA/Newscom

V

Yonhap News/YNA/Newscom

JUNGKOOK

Yonhap News/YNA/Newscom

BAŞLARKEN

Hip hop etkileri taşıyan bir K-Pop erkek grubu olarak kolayca hatırlanan şarkıları, kusursuz dansları ve sevimli kişilikleriyle BTS'in yedi üyesi dünya çapında hızla idol statüsü kazandı ve şarkıları dünyanın her yerinde listelerin başına yerleşti. Hatta 2018 yılında dünyadaki bütün müzik gruplarından çok daha fazla Twitter etkileşimi aldıkları için Guinness Rekorlar Kitabı'nda yerlerini aldılar.

Başkaldıran ve alışılmışa meydan okuyan romantik ve duygusal BTS şarkılarının yüzde doksanı grubun yedi üyesi tarafından yazıldı. Umutlarını, hayallerini, korkularını, mücadelelerini, heyecanlarını ve tutkularını şarkılarına yansıtarak dünya çapında belli yaş aralığındaki gençleri BTS ARMY hayran grubuna kattılar.

BTS 2013 yılında hit olan "No More Dream" adlı şarkıyla çıkış yaptı. Yaptıkları müzik Batı ile Kore tarzının bir karışımıydı, dahası Steve Aoki, The Chainsmokers ve Supreme Boi gibi rap ve EDM (Elektronik Dans Müziği) yıldızlarının dahil olduğu ünlü müzisyenlerle birlikte çalıştılar.

BTS GRUBUNUN BİR SÜRÜ İSMİ VAR:

Bangtan Boys
Beyond the Scene
Bulletproof Boy Scouts
Bangtan Sonyeondan (방탄소년단)
Korece
Bōdan Shōnendan (防弾少年団)
Japonca

BTS Kimdir?
- *RM: Rapçi, prodüktör, lider*
- *Jin: Vokal, görsel, hyung (ağabey)*
- *Suga: Rapçi, prodüktör, grup babası*
- *J-Hope: Rapçi, dansçı, aegyo (bebek yüz)*
- *Jimin: Dansçı, vokal, baklava karın*
- *V: Vokal, görsel, 4D*
- *Jungkook: Dansçı, vokal, maknae (en küçük)*

Sahnedeki duygusal, keskin sözleri olan şarkıları ve müthiş dans tarzlarıyla karşılaştırıldığında, gençlerin kulisteki oyunbaz ama samimi enerjileri onları yeni tanıyan hayranlarını sık sık şaşırtıyor.

KURŞUN GEÇİRMEZ İZCİLER: İSMİN ARDINDAKİ HİKÂYE

BTS ismine karar vermeden önce birkaç olası isim üzerinde duruldu. Bunlardan ikisi "Big Hit" şirketiyle çalıştıkları için Big Kids (Büyük Çocuklar) ve Young Nation (Genç Nesil) isimleriydi. Bangtan kelimesi "kurşun geçirmez" anlamına gelmektedir ve kimden gelirse gelsin dünyanın bütün kötülük ve kurşunlarına karşı dimdik durmayı temsil eder. Sonyeondan kelimesi ise delikanlı grubu ya da erkek izci anlamındadır.

"'Bangtan' kelimesinin anlamı bir şeylere karşı korunmaktır. Bu yüzden ismimiz, müziğimizi ve değerlerimizi sonuna kadar savunacağımız anlamına geliyor."

—J-Hope

Grubun müzik sahnesine çıktığı günden bu yana BTS kısaltması evrim geçirdi ve gençler ARMY hayran grubunun Beyond the Scene önerisine göz kırparak kapsamı geliştirdi.

LOGO

Grubun açık kapı logosu, mevcut gerçekliğinden memnun olmayan ve kapıları açıp ilerleyerek büyümek isteyen gençleri temsil ediyor.

ARMY

Açılımı, Adorable Representative MC for Youth (Gençliğin Sevimli Temsilcisi). Kendilerini BTS'in müziğiyle birlikte sevgi, kabullenme ve eğlence mesajını yaymaya adamış hayran ordusu.

ZAMAN TÜNELİ

2010-11 Big Hit Entertainment, BTS grubu için seçmeler düzenledi

17 Aralık 2012 BTS Twitter ve YouTube hesabı açıldı

9 Haziran 2013 Grup üyeleri resmen tanıtıldı

11 Haziran 2013 "No More Dream" müzik videosu yayınlandı

12 Haziran 2013 İlk albümleri 2 Cool 4 Skool yayınlandı

2 Eylül 2013 BTS'in Rookie King varyete şovu sahne aldı

16 Ocak 2014 "Yılın En İyi Çıkış Yapan Grubu" Golden Disc Awards

12 Şubat 2014 Skool Luv Affair albümü yayınlandı. "Boy in Luv" Billboard World Albums listesinde üç numaraya oturdu

29 Mart 2014 BTS, Güney Kore Seul'de 3.000 kişilik Küresel Resmi

Hayran Kulübü ARMY'nin ilk üyeleri önünde konser vererek MUSTER isimli ilk resmi hayran buluşmasını gerçekleştirdi

24 Nisan 2014 "Wake Up" şarkısı Japonya'da yayınlandı

1-14 Temmuz 2014 Los Angeles'ta geçen ilk TV şovlarında yer aldılar: American Hustle Life

9 Eylül 2014 Hip Hop Monster webtoon serisi yayınlanmaya başladı

23 Ocak 2015 Seul Music Awards'ta "Yılın Yeni Sanatçısı" ödülünü kazandı

10-19 Şubat 2015 İlk Japonya Turnesi; "Wake Up: Open Your Eyes"

26 Ekim 2015 Puma'nın marka yüzü oldular

2 Aralık 2015 Mnet Asian Music Awards'ta "Dünyanın En İyi Performansı" ödülünü kazandı

BONUS:
2017'de "DNA" şarkıları YouTube'da en hızlı şekilde iki yüz milyon görüntülemeye ulaşan ilk K-Pop grubu müzik videosu oldu.

17 Şubat 2016 Gaon Chart K-Pop Awards'ta "Dünya K-Pop Yıldızı" ödülünü kazandı

9 Ekim 2016 "Blood, Sweat&Tears" Kore müzik listelerinin sekizinde de bir numaraya çıkarak büyük başarı kazandı: MelOn, Mnet, Bugs, Olleh, Soribada, Genie, Naver ve Monkey3

29 Ekim 2016 Wings albümü Billboard 200 listesinde yirmi altı numaraya çıktı. 2018'e kadar en yüksek K-Pop albüm başarısı

19 Kasım 2016 MelOn Music Awards'ta "Yılın En İyi Albümü" ödülü, aynı zamanda grubun ilk Daesang'ı

21 Mayıs 2017 Altı yıldır yerini bırakmayan Justin Bieber'ı tahtından indirerek Billboard Music Awards'ta "En Sosyal Sanatçı" ödülünü kazandı

31 Temmuz 2017 44. Korean Broadcasting Awards'ta "Sanatçı Ödülü"nü kazandı

5 Eylül 2017 8 milyon Twitter takipçisine ulaştı

16 Eylül 2017 V Live kanalında altı milyon takipçiye ulaştı

18 Eylül 2017 "DNA" şarkılarıyla ABD iTunes Top 10 listesinde dört numaraya giren ilk K-Pop grubu oldu

18 Eylül 2017 "DNA" internete konulduğu andan itibaren ilk 24 saat içinde tüm zamanların en çok izlenen 11. videosu oldu

22 Eylül 2017 İsveç, İrlanda, İtalya, Almanya ve İngiltere de dahil olmak üzere Avrupa listelerinde boy gösterdi

25 Eylül 2017 "DNA" şarkısıyla Billboard Hot 100 listesinde seksen beş numaraya çıkan ilk K-Pop grubu oldu

26 Eylül 2017 Love Yourself: Her, World Albums listesinde bir numara oldu

1 Kasım 2017 #ENDviolence sponsoru olarak Unicef'le işbirliği yaptı ve "Love Myself" şarkısını tanıttı

12 Kasım 2017 BTS, Twitter'da on milyon takipçiye ulaşan ilk Koreli sanatçı oldu ve bir ay sonra takipçi sayısı on bir milyona ulaştı

19 Kasım 2017 American Music Awards töreninde sahne alan ilk K-Pop grubu oldu

2 Aralık 2017 Grup olarak dört ödülle birlikte Suga, MelOn Music Awards'taki Hot Trend ödülünü aldı

BONSANG VE DAESANG
Bonsang on ila on iki farklı sanatçıya verilen en önemli ödüllerden biriyken, Daesang tek bir büyük ödül verir.

11 Ocak 2018 Love Yourself: Her albümüyle Golden Disc Awards'ta (Yılın Albümü) Daesang'ı alırken, "Spring Day" ise Digital Bonsang ödülünü aldı

25 Ocak 2018 BTS, Seul Music Awards'ta hem Bonsang hem de Daesang ödüllerini aldı

14 Şubat 2018 Gaon Chart Music Awards'ta You'll Never Walk Alone ilk çeyrekte yılın albümü ödülünü kazanırken Love Yourself: Her albümü üçüncü çeyrekte yılın albümü ödülünü aldı

28 Şubat 2018 Korean Music Awards'ta "Yılın Müzisyeni" ödülünü aldı

9 Mart 2018 "Marka Kimliği" dalında müzikle ilgili olmayan iF Design ödülünü kazandı

BONUS:
Love Yourself: Her, bir aydan kısa bir sürede dünya çapında 1,2 milyon kopya sattı.

11 Mart 2018 BTS ARMY, BTS'in iHeartRadio Music Awards'ta "En İyi Hayran Grubu" ödülünü kazanması için gecesini gündüzüne kattı. BTS aynı zamanda "En İyi Erkek Grubu" ödülünü kazandı

24 Mart 2018 ABD'deki çocuklar Nickelodeon USA Kids' Choice Awards'ta "En Sevilen Küresel Müzik Yıldızı" dalında BTS'e oy verdi

16 Nisan 2018 BTS Soompi Awards'ta yeni rekorlar kırdı: Yılın Sanatçısı, Yılın Albümü (You Never Walk Alone), Yılın Şarkısı (DNA), En İyi Koreografi (DNA), Yılın Karma Müzik Videosu (Spring Day) ve En İyi Uyum (MicDrop Remix) dallarında altı ödülü birden topladı. V, aynı zamanda "En İdol Aktör" ödülünü kazandı

27 Nisan 2018 The Hall of Stars Awards'ta "Dünya Çapında En İyi Hayran Kitlesi" ödülüyle birlikte Asian Awards'ta "Müzikte Üstün Başarı" ödülünü aldı

29 Nisan 2018 2018 Rusya Dünya Kupası'nda Coca-Cola'nın marka elçisi oldu

18 Mayıs 2018 Love Yourself: Tear yayınlandı

2 Haziran 2018 Love Yourself: Tear, Billboard Top 200 albüm listesine bir numaradan giren ilk K-Pop albümü oldu

27 Temmuz 2018 VLive'da on milyon takipçiye ulaştı

24 Ağustos 2018 Love Yourself:Answer yayınlandı

BTS: ÖNCESİ

Bang Si-hyuk - BTS'in ardındaki Adam

Hitman Bang olarak da bilinen ve Big Hit Entertainment'ın hem kurucusu hem de CEO'su olan Bang Si-hyuk aynı zamanda BTS'in yaratıcısı ve prodüktörü. Hayali, tarzları kadar özgün olan bir K-Pop grubu yaratmaktı.

K-Pop dünyası, "eti senin kemiği benim" geleneğiyle ortaya çıkarılan sanatçılarıyla bilinir. Eğitim almamış yetenekler bulunur, sıkı eğitimden geçirilir, büyük estetik ameliyatlarla tepeden tırnağa yeni bir imaj oluşturulur ve sanatçılar baştan yaratılır. 80'li yıllarda ABD'de ortaya çıkıp saman alevi gibi ortalığı saran pop idollerinin yıldızları neredeyse göz kırpıp kayboluyordu.

BTS'i yaratıp şekillendirirken Bang'in aklında başka bir hayal daha vardı. "Kurşun geçirmez izciler" için hayali, çaylak yetenekleri bulup oluşturacağı idol olmaya değer bir müzik grubununu, üyelerinin içindeki yangınları, güdüleri ve kişilikleri üzerine inşa etmekti.

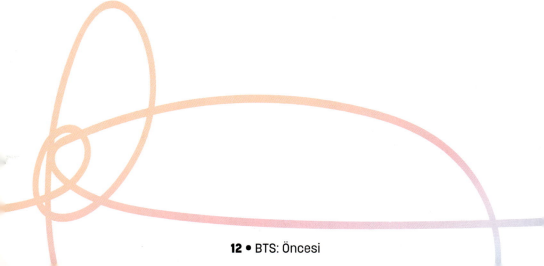

Hitman Bang

Bangtan Sonyeondan piyasaya çıkmadan çok önce Bang Si-hyuk, Kore müzik dünyasında şarkı sözü yazarı, besteci, prodüktör ve plak yapımcısı olarak birçok başarıya imza atmıştı. Kariyerinin başlarında JYP Entertainment'ın kurucusu Park Jin-young ile ortaklık yapmış, Jin-young şarkı sözlerini yazarken kendisi beste ve aranjman yapmıştı.

Bang, "Hitman" lakabını 90'lı yıllarla 2000'lerin başında ortağıyla birlikte çalıştıkları müzik gruplarına verdikleri ardı arkası kesilmeyen hit şarkılar sayesinde kazandı. 2005'te ortaklıktan ayrılıp sanatçıları için daha besleyici bir ortam sağlamak, kişiye özel ilgi gösterilecek ve seçilen yeni sanatçıların kişilikleri kadar sanatsal tarzlarını da parlatacak yeni bir tür müzik-eğlence şirketi olan Big Hit Entertainment'ı kurdu. Amacı, K-Pop sanatçıları yaratırken gerçek kişiliklerden daha çok mükemmel işlenmiş imaja odaklanan müzik mekanizmalarından ayrışmak, büyük bir fark yaratmaktı. Grup üyelerini özenle seçti, ham yetenek kadar derin ve kalıcı bir içsel motivasyona sahip sanatçıları buldu.

Grubun ilk performansı, o zamanlar RapMon denilen RM'in de dahil olduğu bir rap düetiydi, ama daha sonra eğitim alan bazı sanatçıların gemiye binmesiyle birlikte yedi kişilik bir idol grubuna dönüştü. Zaman içinde birkaç üye değişse de grubun son hali yetenek, istek, kişilik, tarz ve "dünya çapında yakışıklılık" açısından mükemmel bir karışım ortaya çıkardı.

EZİLENİN YANINDA OLMAK

Kore ana akım medyasına egemen devasa şirketlerle karşılaştırıldığında Big Hit Entertainment, ancak incir çekirdeği sayılırdı. Yani grup için avantaj sağlayacak ne büyük kurumsal sponsorlar ne de halkla ilişkiler mekanizmaları söz konusuydu. Bunun yerine idol olma yolunda ham yetenekleri büyük bir yürekle destekleyen küçük bir şirket vardı.

BTS'in iyi planlanmış dans koreografileri ve kamera önündeki gösterişli rahat tavırları karşısında iflah olmaz günümüz BTS hayranları, ilk çıkışlarının kusursuzluk ve profesyonellikten fazlasıyla uzak olduğunu öğrenince şaşırabilir.
Grupla ilgili ilk eleştiriler son derece acımasızdı. BTS'in esin kaynağını anlayamayan eleştirmenler, onların modası geçmiş Amerikan rap ve hip pop kültürüne özendiğini hissetmişti. Aslında bir açıdan haklıydılar. Grup üyelerinin çoğu dans ve müzikte ne kadar iyi olsa da daha önce ne uçağa binmiş ne de ülke dışına çıkmıştı. Gerçek haliyle Amerikan kültürünü deneyimleme şansları hiç olmamıştı. Dahası Suga ve RM, bir zamanlar bir parçası oldukları yeraltı rap dünyasının sert tepkisiyle karşılaştılar. Eski arkadaşları onları satmakla suçluyordu ve arkadaşlarından gelen bu acımasız eleştiriler, müzik dünyasında bir yer edinmeye çalışan ve yolun başında olan gençleri fazlasıyla etkiledi. Ama eleştirilerin onları aşağı çekmesine izin vermek yerine, Hitman Bang, Amerikan sokak kültürü ve müziğini ilk elden deneyimlemeleri için gençleri Kaliforniya, Los Angeles'a gönderdi. Dans, rap ve Amerikan müziği

"Delikanlılar taşradan geldi. Dünya çapında ünlü olmalarını beklemiyordum."

—Bang Si-hyuk, BTS ve K-Pop'un geleceği hakkında konuşurken

konusunda ikonlardan ders alan gençler kültür konusunda da hızlı bir kurstan geçirildi. İki haftalık deneyim American Hustle Life adıyla yayınlanan ve büyük beğeni toplayan bir realite şova dönüştü. Program o kadar popüler olmuştu ki hayranları yayın saatini sabırsızlıkla bekliyor, sonunda yeni keşfettikleri özgüvenlerine kavuşan samimi, her

şeyi hayretle karşılayan gençlerin bir sonraki bölümde ne yapacağını merak ederek birbirleriyle mesajlaşıyorlardı.

Programdan sonra grubun hızla zirveye çıkan başarı eğrisi Hitman Bang'i bile şaşırtıyordu.

RM'İN BTS YOLCULUĞU

Grubun en iyi taraflarından biri sahnede dans ederken, şarkı söylerken ve rap yaparken her açıdan uyumu sağlamış olmalarının yanı sıra, sahne dışındaki kişilikleridir. İyi tasarlanmış bir makine gibi grubun her bir üyesi birbiriyle güç savaşına girip çekişmeden gruba benzersiz bir katkı sağlıyor.

"2010 yılında yapımcımız (ve Big Hit Entertainment CEO'su) Bay Bang (Bang Si-hyuk) ile tanıştırıldım. On altı yaşında lise birinci sınıf öğrencisi olarak yeraltı rap dünyasındaydım. Bang, rapçi ve şarkı sözü yazarı olarak bir potansiyelim olduğunu düşündü, böylece yola çıktık. Sonra aramıza Suga katıldı. J-Hope yaşadığı şehirde çok popüler bir dansçıydı. İlk üç bizdik! Yedi kişilik bir grup olarak Haziran 2013'te ilk çıkışımızı yaptık. Kabul edilme, kırılganlık ve başarılı olmak gibi yaşam felsefemiz kadar, müzik geçmişimizi de yansıtan ortak hayalimiz için bir araya geldik: Şarkı sözü yazmak, dans etmek ve müzik yapmak. Son dört yılda yedimiz de daha iyisini yapmak için birbirimizi zorladık. Bu sayede kardeş kadar yakınlaştık."

—RM, *Time* dergisi röportajı, Haziran 2017

K-POP YAŞAMI

K-Pop yıldızlarının dünyası diğerlerine hiç benzemez. Gruplar seçmeler yapılarak ya da sokaklarda keşfedilerek ajanslar tarafından belirlenir. Grup üyeleri seçildiğinde eğitime alınırlar. Seçilen tüm yetenekler eğitimi tamamlayamaz ve birlikte iyi çalışacak performans ve kişiliklerin mükemmel kombinasyonu bulunana kadar ajanslar sık sık üyeleri değiştirir. K-Pop yıldızlarının eğitimi iki yıldan uzun sürebilir. Bazı yeteneklere, çıkış yapacağı zaman bile söylenmez. Eğitim sırasında grup üyelerine sürekli kamera önünde nasıl bir yıldız gibi davranacakları öğretilir. Yetenekler bu eğitim süresince finansal olarak desteklenir. Bir yurtta birlikte yaşarlar ve sıklıkla günde on dört saat çalışarak kamera önü kişiliklerini ve performans becerilerini çeşitli açılardan geliştirirler. BTS için seçilen yetenekler farklı şekillerde bir araya getirilerek her ay performans ve gelişme açısından değerlendirildi ve bununla birlikte eksik kaldıkları alanlarda ayrıca yardım aldılar.

Büyük çıkışı yaptıktan sonra sıra idollere gelir, ajansın yatırımlarını daha sıkı çalışarak öderler. Radyo ve TV'ye çıkarlar, sahne performansları düzenlerler, grup olarak ya da şahsen sponsorlu tanıtımlara katılırlar, birbiri ardına müzik videoları ve albümler hazırlarlar. BTS grubunun üyeleri birçok idolün ötesine geçerek sahne dışındaki hayatını sosyal medyada paylaşıyor. Bangtan Boys kamerasız dolaşmıyor, her hallerini selca* ve sevimli amatör videolar çekerek internet ortamında yayınlıyor.

*selca: K-Pop'ta selfie.

BTS: Yıldızların Ötesi

2013 yılında sıkı bir çıkış yapan grubun son haline gelmesi değişen üyelerle birlikte tam üç yıl sürdü. İşte grubun gelişimi...

2010 Big Hit, hip hop grubu DaeNamHyup'un iki üyesi olan RM (o zaman Runch Randa) ve Hun-cheol'u (Iron) buldu. İlk BTS grubu bu ikiliyle oluşturuldu.

2010 Seçmeler yapılarak i11evn, Suga ve J-Hope gruba katıldı.

2011 i11evn ayrıldı

2011 Kidoh gruba dahil oldu.

2011 Super Star K2 seçmelerinde başarısız olan Jungkook gruba alındı.

2011 Iron ve Supreme Boi gruptan ayrıldı.

2011 Jungkook'la aynı zamanlarda V gruba katıldı, ancak 2013'teki büyük çıkış sırasında son olarak lanse edildi.

2011 Jin gruba katıldığında aslında aktörlük eğitimi alıyordu.

2012 Jimin ise seçmelerde keşfedildi.

Yonhap News/YNA/Newscom

Yeni bir grupla tanışan hayranlar, üyeleri birbirinden ayırmakta zorlandı. J-Hope ve Jin ulusal televizyonda ilk kez göründüğünde yakışıklı yüzleri karşısında ABD'li hayranları internette adeta kasırga yarattı. İsimlerini bilmediklerinden sosyal medyada tarif üzerinden lakaplar takıldı. Bu lakaplar akılda kalıcılığıyla yeni lakapları oldu!

- "Kırmızı saçları ve altın rengi ceketi olan çocuk"
  –J-Hope, Dick Clark's New Year's Rockin' Eve programına çıktığında
- "Soldan üçüncü"
  –Jin, 2017 Billboard Music Awards'ta görüldüğünde
- "Gümüş rengi ceketi olan sarışın çocuk"
  –Jimin, American Music Awards'ta görüldüğünde

Grup üyeleri günün yirmi dört saatini, haftanın yedi gününü birlikte geçiriyor. Turnede, provada, stüdyoda ya da kaldıkları yurtta olmaları fark etmiyor. Kurdukları gerçek dostluk aralarındaki kimyanın bir kanıtı. Dahası birbirleri için birçok takma isim buldular!

- Suga, Jungkook'a "Jeon Jungkookie," RM'e ise "Joonie" diyor.
- Hepsi RM'e "yıkım tanrısı" anlamına gelen "Pa-gwe-e shin" ismini uygun görmüş.
- V grup tarafından "kadın eş" anlamına gelen "tae-tae" lakabıyla çağrılıyor.
- Jimin, "Jiminnie" olarak bilinmekle birlikte, RM ona minik pirinç çöreklerine benzeyen dolgun yanakları nedeniyle "Seksi Mochi" anlamına gelen "Mo-jji Sek-shi" lakabını takmış. Ama Jimin yine de seksi bir idol.

YİNE YENİ YENİDEN
Kendilerini Sürekli Yeniliyorlar

BTS eğrisi tamamen yeni şarkılar ve albüm serilerinden oluşuyor. Her seri grubun farklı yanlarını gösteriyor: Okul öğrenciliğinden asi çocuklara ve duygusal yanlarını keşfetmeye çalıştıkları erkekliğe geçiş, bu aşamalara damga vuruyor. Gerçek bir ARMY'nin grupta en çok beğendiği bir idol mutlaka vardır, ama bununla birlikte her yeni şarkı ya da albüm aynı zamanda, son derece karmaşık bir yapısı olduğu kadar inanılmaz yeteneklere de sahip grubun farklı yönlerini keşfetmek için fırsatlar yaratıyor.

BTS Dönemleri

- *BTS, okul üçlemesiyle lanse edildi: 2 Cool 4 Skool, O!RUL8,2? ve Skool Luv Affair.*

- *Ardından "Danger" ve "War of Hormone" şarkılarıyla Dark&Wild dönemi başladı.*

- The Most Beautiful Moment in Life Part1-Part 2 ve Young Forever için çektikleri sinematik müzik videosu serisiyle dünya çapında tanındılar.

- Wings *albümü onları Kore'de ilk kez bir numaraya oturttu ve 2016 yılında Mnet Asian Music Awards'ta "Yılın Sanatçısı" ödülünü kazandırdı.*

  Müzik videoları var oluşu derinlemesine sorgularken aynı zamanda manevi bir gerçeklik arayışındaydı.

- You'll Never Walk Alone *albümü,* Wings *albümünün yeniden düzenlenmiş versiyonuydu, ama yine de yedi yüz bin kopya sattı.*

- Love Yourself: Her *albümündeki "DNA" ve "MicDrop" şarkıları grubun uluslararası ününe ün kattı.*

- Love Yourself: Her *albümünü takiben Mayıs 2018'de çıkardıkları Love Yourself: Tear albümü çıkar çıkmaz Billboard listesinde bir numaraya oturdu. K-Pop albümlerinde bu bir ilkti.*

BTS, müzik videoları üç yüz milyon kez görüntülenen ilk gruptu. Bunlardan bazıları: "DNA," "Fire" ve "Dope."

Desiigner'ın katkıda bulunduğu "MicDrop" şarkısının Steve Aoki remiksi, BTS'e altın sertifika kazandıran iki şarkısından biridir.

BTS ÜYELERİYLE TANIŞIN

"Müziğimiz daha çok dünyayı nasıl algıladığımızla ve sıradan insanlar olarak nasıl normal kalmaya çalıştığımızla ilgili."
—RM, *Time* dergisi röportajı, Haziran 2017

RM

TAM ADI: Kim Nam-joon 김남준

LİDER / RAPÇİ /PRODÜKTÖR

DOĞUM GÜNÜ: 12 Eylül 1994
BOYU: 1,81
MEMLEKETİ: Ilsan, Goyang, Güney Kore
BİLDİĞİ DİLLER: Korece, İngilizce, Japonca
EĞİTİMİ: Global Cyber Üniversitesi'nden basın yayın ve sanat bölümünden mezun oldu, Yeni Zelanda'da eğitim gördü.
KARİYER BAŞLANGICI: 2008 yılında Runch Randa olarak tanındı.
BTS'E KATILDIĞI YIL: 2010 (grubun ilk üyesi)
LAKAPLARI: Rap Monster, Runch Randa, RapMon, Namjoon

BTS'in lideri olan RM, İngilizce röportajların çoğunda grubun sözcülüğünü üstlenen üyedir. Genç yaşta rap müziğe gönül veren genç, Amerikan rap yıldızlarının videolarını izleyerek büyüdü. BTS'in ilk seçilen üyesi olmadan önce yeraltı rap dünyasında birçok popüler sanatçıyla çalıştı.

RM sert ve sinirli bir yapıya sahip, ama isminin aksine korkutucu biri değil. Sahne dışında son derece eğlenceli ve derin düşüncelere sahip biri. İngilizce söz konusu olduğunda grubun sözcülüğünü üstleniyor, çünkü İngilizceyi neredeyse aksansız konuşuyor ve gündelik dilde kullanılan argo kelimeleri çok iyi biliyor.

RM usta bir rapçi, ama el ve ayak koordinasyonu konusunda yeteneği sınırlı kalıyor. Stajyerlik eğitimi sırasında koreografiye hiç uyum sağlayamadığından dans öğretmenleri onunla "Dans Dehası" diye dalga geçiyordu. Grup arkadaşları onun evdeyken, seyahat sırasında ve hemen hemen gittiği her yerde sakarlığıyla bir şeyler kırdığını söylüyor, ama zehir gibi zekâsı ve düşünceli kişiliğiyle bu açığını kapatmayı başarıyor.

RAP MONSTER

NAMJOON

Yonhap News/YNA/Newscom

Yonhap News/YNA/Newscom

Yonhap News/YNA/Newscom

Yonhap News/YNA/Newscom

Yonhap News/YNA/Newscom

BONUS:

- RM, İngilizceyi televizyonda *Friends* dizisini seyrederek kendi kendine öğrendi.
- Köpeğinin adı Rap Mon.
- Hayallerindeki sevgiliyi şöyle tarif ediyor: Seksi olmalı. Düşünceli ve kendine güvenen biri olmalı.

JIN

TAM ADI: Kim Seok-jin 김석진

VOKAL / GÖRSEL

DOĞUM GÜNÜ: 4 Aralık 1992
BOYU: 1,79
MEMLEKETİ: Gwacheon, Gyeonggi-do, Güney Kore
BİLDİĞİ DİLLER: Korece, İngilizce, Japonca, biraz Mandarin Çincesi
EĞİTİMİ: Konkuk Üniversitesi, sanat ve oyunculuk bölümü mezunu
BTS'E KATILDIĞI YIL: 2011
LAKAPLARI: Görsel Kral, Pembe Prenses

Grubun en yaşlı üyesi olan Jin, kendini diğerlerinin "ağabeyi" (hyung) sayıyor. Aynı zamanda "inanılmaz yakışıklı yüzünden sorumlu olduğunu" söyleyerek şaka yapıyor.

Gruba ilk katıldığında yemek yapmayı öğrendi ve sıkı bir diyet uyguladı. Boğazına çok düşkün ve yemek yapmaya, yemek hakkında konuşmaya, yemekle ilgili hikâyeler anlatmaya ve tabii ki yemek yemeye bayılıyor! Şakacılığıyla biliniyor; şakaları komik olmasa da kahkahaları son derece bulaşıcı!

Grubun ağabeyi olsa da ailesinde bir ağabeyi var. Yine de yurtta kalırken Jin gerçekten bir yetişkin gibi davranıyor. Sabahları erken kalkıyor, mutfakta hep bir şeyler pişiriyor ve evi temizliyor.

EAT JIN! (YE JIN!)

Eylül 2014'te Bangtan Bomb, Jin'in salata yediği bir video yayınladı. Sıradan bir izleyici için bunu izlemek hiç de ilginç değildi, ama videonun çekildiği an aslında daha sonra devamı gelecek mukbang* serilerinin başlangıcıydı: *Eat Jin!* Otuza yakın videodan oluşan seride Jin kafeteryada, otel odasında, mutfakta, arkadaşlarıyla ve menajeriyle görüşürken gösteriliyor. Bu sırada kocaman porsiyonlar yiyor ve hatta bazen kamera önünde yemek hazırlıyor. *Eat Jin!* serisi BangtanTV'nin YouTube kanalında izlenebilir. Bununla birlikte V Live'da da bonus mukbang videoları yayınlanıyor.

*Mukbang, Kore'de bir idolün izleyicilerle konuşurken kamera önünde devasa porsiyonlarda yemek yediği videolara deniyor.

JIN'İN SEVİMLİ POFUDUK DOSTLARI

Jin'in Jjangu adında yavru bir köpeği vardı. Maalesef o ölünce iki tane küçük ve sevimli şeker planörünü sahiplendi. Tabii ikisine de en sevdiği balık çöreklerinin adını verdi: Eomukie ve Odengie.

Şeker planörü, hamster benzeri ama daha küçük egzotik hayvanlardır. Çok sosyal olmalarıyla birlikte çok ilgi isterler. Jin, yoğun geçen günlerinin akşamında bile onlarla seve seve ilgileniyor. Grup üyelerinden beşinin evcil hayvanı var, ama sadece Jin ve V'nin sevimli dostları gençlerle birlikte yurtta yaşıyor.

Yonhap News/YNA/Newscom

Yonhap News/YNA/Newscom

BONUS:

- Sokakta otobüsten inerken keşfedilip grup seçmelerine davet edildiğinde Jin üniversite öğrencisiydi.
- Jin ve Jimin, spor salonundan tanışıyordu. Ve sıklıkla birlikte vücut çalışıyorlardı. Ama yurtta Jin oda arkadaşı olarak Suga'yı seçti.
- Hayalindeki sevgiliyi şöyle tarif ediyor: iyi bir eş olabilecek kadar tatlı, iyi yemek pişiren, kibar ve onunla yakından ilgilenen biri.

"İlk çıkışımızdan sonra yurda gittim ve öylece oturup boşluğa baktım. Daegulu yoksul bir ailenin çocuğu olarak başardığıma inanamıyordum."

SUGA

TAM ADI: Min Yoon-gi 민윤기
RAPÇİ /PRODÜKTÖR

DOĞUM GÜNÜ: 9 Mart 1993
BOYU: 1,74
MEMLEKETİ: Buk-gu, Daegu, Güney Kore
EĞİTİMİ: ApGuJeong Lisesi, Global Cyber Üniversitesi
KARİYER BAŞLANGICI: D-Town'da, yeraltı rap dünyasında Gloss ismiyle tanındı
BTS'E KATILDIĞI YIL: 2010 (başta prodüktör olarak katıldı)
LAKAPLARI: Agust D, Hareketsiz Min

RM gibi Suga da BTS'e katılmadan önce yeraltı rap dünyasındaydı. Ama yetenekleri mikrofonda kafiyeleri ardı ardına sıralamanın ötesine geçiyordu. Kendisi şarkı sözü yazma, prodüktörlük ve piyano dallarında tam bir usta. Jin'den sonra grubun ikinci ağabeyi. 2016 yılında Agust D adıyla solo bir albüm yayınladı. Bu albümde, hayalini gerçekleştirmek için evinden ayrıldığı andan itibaren depresyon, obsesif kompulsif bozukluk ve sosyal endişe sorunlarıyla savaşını anlattı. Terapi, grup arkadaşları ve BTS ARMY yardımıyla bu sorunları aştı. Bunun için hayranlarının ve BTS topluluğunun sevgi ve desteğine minnet duyduğunu da saklamıyor.

BONUS:
• Şekeri çağrıştıran adı kulağa tatlı gelse de Suga tatlıyı hiç sevmiyor ve daha çok hafif baharatlı yiyecekleri tercih ediyor.

• 2013 yılında apandisit ameliyatı geçirdiği için "Bay Apandisit" diye çağrıldığı da oluyor.

• "Uyku Canavarı" lakabını hak edecek kadar uykuyu seviyor.

• Sevdiği ve sevmediği şeyler konusunda kişiliğini şekillendiren zorlu prensipleri var. Uyumayı, fotoğraf çekmeyi, basket oynamayı ve sessiz yerleri seviyor, ama kalabalıklardan ve dans etmekten hiç hoşlanmıyor.

• Kamera önünde ya da yazılı röportajlarda grup arkadaşları gibi, Suga da uykuyu bu kadar sevmesiyle dalga geçiyor.

• Hayalindeki sevgiliyi şöyle tarif ediyor: Akıllı, sakin ve kendisiyle benzer kişiliğe sahip biri.

AGUST D MİXTAPE

Suga'nın solo sanatçı ismi Agust D. Tersten okununca, çocukluğunun geçtiği Daegu Town'ı temsil eden DT harfleriyle birlikte "Suga" ismi ortaya çıkıyor.

"Forever Young" şarkısının Japonca versiyonunun yayınlandığı günün ertesinde müzik dünyasına başka bir bomba düştü: Suga'nın prodüksiyonunu üstlendiği solo mixtape'i! On şarkıdan oluşan albüm James Brown'ın ünlü bir şarkısından alınan bir kesit ile başlıyor, ardından dinleyiciler, "Bu K-Pop kategorisi bana dar geliyor," diye şarkı söyleyen sanatçı ve rapçi Suga ile karşılaşıyor.

Suga'nın şarkılarında, BTS grubunun aegyo pozları ve koreografilerinin yumuşatamadığı sert bir yan var ve ikinci kişiliği olan Agust D vasıtasıyla aklındakileri özgürce ortaya koyabiliyor. Solo albümündeki on şarkıda geçmişini, şöhret basamaklarını tırmanışını ve bir idol olarak hayatını anlatıyor.

Yonhap News/YNA/Newscom

Yonhap News/YNA/Newscom

Yonhap News/YNA/Newscom

"Adım, grup arkadaşlarımın adlarından çok daha derin bir anlam taşıyor [Kahkaha atıyor]. Pandora'nın Kutusu açıldıktan sonra geriye sadece umudun kaldığını biliyorsunuz, değil mi? Grubumuza umut katmak için ismime "hope" kelimesini ekledim. J ise soyadım Jung'dan geliyor. İşte böylece J-Hope oldum."

J-HOPE

TAM ADI: Jung Ho-seok 정호석

RAPÇİ / DANSÇI

DOĞUM GÜNÜ: 18 Şubat 1994
BOYU: 1,77
MEMLEKETİ: Gwangju, Güney Kore
EĞİTİMİ: Gwang Global Lisesi, Global Cyber Üniversitesi
KARİYER BAŞLANGICI: Gwangju'daki ünlü bir dans akademisine gitti ve Big Hit'e katılmadan önce JYP eğlence şirketiyle sözleşme imzaladı. Aynı zamanda sokak dansçılarından oluşan Neuron grubunun bir üyesiydi.
BTS'E KATILDIĞI YIL: 2010
LAKAPLARI: Hobi

Etkileyici dans yeteneği, benzersiz rap stili ve sevimli aegyo pozlarıyla J-Hope sahnede tam bir enerji yumağı. BTS'e katılmadan önce sokak dansçısıydı ve katıldığı yarışmalarla zaten ün kazanmıştı. 2008 yılında Güney Kore'de düzenlenen ulusal bir dans yarışmasını kazandı. Arkadaşları ve hayranları tarafından Hobi olarak da bilinen Ho-seok başlarda rap yerine vokalistliğe odaklanmıştı ki bu da şarkı söyler gibi rap yapabilme tekniğini açıklıyor. Pozitif kişiliği sayesinde, sahne adını hayranları için bir umut ve ışık kaynağı olma isteğiyle seçti.

BTS'e katılmadan önce J-Hope, Neuron adında bir sokak dans grubundaydı. "Sokak dansı grubumla birlikte yeraltı müzik dünyasını elimden geldiğince tanıtmaya çalıştım. Pop kategorisinde Boogaloos denen bir alt tür vardır; daha çok o tarz müzik yapıyordum. Bu süreçte performanslarımla birçok ödül aldım."

BONUS:

- J-Hope, Seul'e 2010'da taşındı.
- Solo "Daydream" şarkısının müzik videosunda J-Hope, *Otostopçunun Galaksi Rehberi* kitabının ana karakteri Arthur'dan aldığı "Panik yapma!" mesajıyla kitaba selam çakıyor.
- Hayalindeki sevgiliyi şöyle tarif ediyor: Kitapları seven, harika yemekler yapan, onu destekleyen, seven ve çok düşünen bir kız.

Yonhap News/YNA/Newscom

Yonhap News/YNA/Newscom

> "Baby J ve Kid isim alternatiflerindendi, ama Jimin'in en iyisi olduğuna karar verdim ve gerçek adımla devam ettim."

JIMIN

TAM ADI: Park Ji-min 박지민

DANSÇI / VOKAL

DOĞUM GÜNÜ: 13 Ekim 1995
BOYU: 1,73
MEMLEKETİ: Busan, Güney Kore
EĞİTİMİ: Busan Lisesi'nden Kore Güzel Sanatlar Lisesi'ne geçti ve eğitimini Global Cyber Üniversitesi'nde tamamladı.
BTS'E KATILDIĞI YIL: 2012
LAKAPLARI: Chim Chim, Seksi Mochi

BTS seçmelerine katılmadan önce Jimin, güzel sanatlar lisesinde grup arkadaşı V ile birlikte modern dans öğrencisiydi. Hemen her konuda mükemmeliyetçi biri olmakla birlikte, son derece yumuşak ve düşünceli bir kişiliğe sahip. Grup arkadaşları kısa boyuyla dalga geçse de o hiç sorun etmiyor.

Jimin, grubun kaldığı yurda, V'den bir yıl sonra Mayıs 2012'de taşındı. O sırada Jungkook da orada yaşıyordu. Yurt hayatı, Jimin için ilk yeni deneyimi değildi. Aynı zamanda okuldaki yeni çocuktu. V onu kanatlarının altına alıp arkadaşlarıyla tanıştırdı, her gün birlikte takıldılar, okul kafeteryasından ramen (pirinç eriştesi) ve atıştırmalıklar aldılar.

Kamera çekimlerinde odak genellikle Jimin'in akıcı hareketlerinde ve baklava dilimlerini andıran karın kaslarındadır, ama kendi yazdığı solo "Lie" şarkısında sesinin yumuşaklığı kendini gösterir. Şarkı güvensizlik, kendinden şüphe ve hep doğru şeyi yapıp doğru şeyi söyleme konusunda kendi kendine sürekli yaptığı baskıyı anlatır.

Sahnede olsun olmasın, Jimin her zaman bütün içtenliğiyle grup arkadaşlarını destekler ve onları hayal kırıklığına uğratmaktan korkar. Spor yapma ve fit kalmaya takıntılı olmasıyla biliniyor. Mesela bir keresinde çok çalıştığı için prova sırasında burnu kanamıştı.

Yonhap News/YNA/Newscom

Yonhap News/YNA/Newscom

"İnsanlar genellikle komik şeyler söylediğimi söylese de bunu başkalarını memnun etmek için yapmıyorum."

V

TAM ADI: Kim Tae-hyung 김태형

VOKAL

DOĞUM GÜNÜ: 30 Aralık 1995
BOYU: 1,78
MEMLEKETİ: Güney Kore'de Daegu'da doğdu, Geochang'da büyüdü
BİLDİĞİ DİLLER: Korece, akıcı Japonca
EĞİTİMİ: Kore Güzel Sanatlar Okulu ve Global Cyber Üniversitesi
KARİYER BAŞLANGICI: Kore yapımı *Hwarang* dizisinde rol aldı.
BTS'E KATILDIĞI YIL: 2011
LAKAPLARI: Tae-tae

V sadece müziğe değil, bütün yaratıcı çabalara meraklı. Tam bir sanat hayranı ve Kore yapımı *Hwarang* dizisinde 2016-2017 yılları arasında Hansung adındaki karakteri canlandırdı. Bazı hayranları onu 4D olarak tanımlıyor. 4D, olağandışı, acayip ve bu dünyadan olmayanlar için kullanılan bir K-Pop terimi. Bazen Amerikan aksanıyla İngilizce konuşmaya çalıştığından birçok hayranı onun bir "adorkable" olduğunu düşünüyor!

BTS, EXID grubunu *M! Countdown* yarışmasında yenince V, teşekkür konuşması sırasında mikrofonu kapıp Big Bang'in "Loser" (Ezik) şarkısını söyleyince hayranlarından ve ondan nefret edenlerden büyük tepki çekti. V ve destekçileri, şarkı seçiminde herhangi bir kasıt olmadığını, sadece büyük bir Big Bang hayranı olduğunda ısrarcıydı. Daha sonra özür dileyen bir tweet atan V, şarkı seçiminde kimseyi küçük düşürmek gibi bir amacı olmadığını, her gün "I Need U," "Bae Bae" ve "Loser" şarkılarını dinlediğini söyledi.

Yonhap News/YNA/Newscom

Yonhap News/YNA/Newscom

BONUS:

• Tae-hyung çiftçilikle uğraşılan bir taşrada yetişti. Üç kardeşin en büyüğü. Bir kız, bir de erkek kardeşi var.

• V, BTS'in başarılı olması umuduyla Victory (Zafer) kelimesine atıfta bulunuyor, ama bu isim Tae-hyung'un sahne ismi için tek seçeneği değildi. Bu isimde karar kılmadan önce Six (Altı) ve Lex isimleri üzerinde durdu.

• Tüylü hayvanları çok seviyor. Ailesiyle yaşayan üç köpeği var: Soonshin, Ssyongssyong ve Yeontan adında Pomeranya cinsi bir köpek yavrusu. Bir de Kkanji adında bir kedisi.

• Babası bütün şarkıcıların bir enstrüman çalması gerektiğini söylediğinden V küçükken üç yıl boyunca saksafon çaldı.

• Benzersiz ve farklı olan her şeyi seviyor. Boş zamanlarında internette keşfedilmemiş müzik arayışına çıkıyor.

• Eğlence parklarına ve heyecana bayılıyor, ama hayalet gibi korkunç şeylerden nefret ediyor.

• Tae-hyung'dan daha kolay olan Tae-tae ve dans ederken boş baktığı için Blank Tae lakaplarına sahip.

• Hayalindeki kızı tarif ederken çok net: Savurgan olmamalı, V'nin para savurma alışkanlığını kısıtlamalı. Bir ev almadan önce bir araba almayı düşünmeli. Sıcak çikolata yapabilmeli, aynı zamanda ailesine sadık ve cömert olmalı.

"Amerika'ya gittiğim için birçok şey değişti. Stajyerken dans eğitimi alacağım söylenmişti, ama Amerika tamamen farklıydı. Gerçekten özgür bir ortamdı."

JUNGKOOK

TAM ADI: Jeon Jung-kook 전정국

DANSÇI / VOKAL

DOĞUM GÜNÜ: 1 Eylül 1997
BOYU: 1,78
MEMLEKETİ: Busan, Güney Kore
EĞİTİMİ: Seul Güzel Sanatlar Okulu
KARİYER BAŞLANGICI: Seul Güzel Sanatlar Okulu
BTS'E KATILDIĞI YIL: 2011
LAKAPLARI: Kookie, Golden Maknae, Jeon Jungkookie, Joonie

Jungkook, grubun en küçüğü (maknae), bununla birlikte şarkı söylemekte, dans etmekte, rap yapmakta ve sporda iyi olduğu için Golden Maknae (Altın Ufaklık) unvanını hak ediyor. Gerçi sıklıkla vokale eşlik ediyor ve sahne dışında grubun en sessiz üyesi. Liseden önce Güney Kore yetenek yarışması *Superstar K*'ye katıldığı anda yıldızı parladı. Big Hit Entertainment ile sözleşme imzalayıp on beş yaşındayken BTS'e dahil oldu. Eğitim sırasında dünya çapında bir süperstara dönüşürken, aynı zamanda Gösteri Sanatları'nda Seul Okulu'nda okumaya devam etti ve 2017'de bir yıl gecikmeyle mezun oldu.

Şarkı söyleme ve dans etme yeteneğiyle öne çıksa da Jungkook tam bir sporcu. Koşu, bilek güreşi, okçuluk, hatta bowling dallarında çok iyi olduğu biliniyor. Aynı zamanda yetenekli bir sanatçı, çünkü sanatla ilgilenen bir aileden geliyor.

Grubun en küçük üyesi olabilir, ama birçok yeteneğiyle adeta bir Kore Rönesans Adamı sayılabilir. Sadece Korece değil, hem orkestrayla hem de herhangi bir enstrüman olmadan İngilizce, Japonca, Çince ve Vietnam dilinde şarkı söyleyebiliyor. Hayranları onun müthiş bir dansçı olduğunu düşünüyor.

Hepsi bu değil. Jungkook'un daha birçok yeteneği var ve grup arkadaşları ne zaman kamera önüne geçse onunla ilgili hikâyeler anlatıp onu övgüye boğmaktan hiç geri kalmıyor.

Yonhap News/YNA/Newscom

Yonhap News/YNA/Newscom

TEST: BTS'İ NE KADAR TANIYORSUN?

BTS idolleriyle ilgili her şeyi bildiğini mi sanıyorsun? Cevap anahtarında sorulara BTS üyelerinin harfleriyle cevap ver, sonra aşağıdan verdiğin cevapların doğruluğunu kontrol et. Her doğru cevap için kendine 1 puan ver.

A - RM
B - Jin
C - Suga
D - V
E - J-Hope
F - Jimin
G - Jungkook

1. EN SEVDİĞİ YEMEK
Japchae
Kimchi (Kore'de bir tür baharatlı
turşu yemeği)
Noodle ve et
Istakoz
Ekmek, pizza gibi unlu olan her şey
Meyve
Et, et ve daha çok et

2. KİŞİLİK
Akıllı
4D
Hyung
Uykucu
Aegyo
Rekabetçi
Destekçi

3. KALDIKLARI YERDEKİ ROLLERİ
Temizlik
Ortalığı dağıtmak
Muziplik
Çamaşır yıkamak
Uyumak
Kendi işine bakmak
Destek olmak

4. EN SEVDİĞİ FİLM
Başlangıç
Matrix
Southpaw
Not Defteri
Sil Baştan
Demir Adam
Zamanda Aşk

5. BTS'İN EVCİL HAYVANLARI

Üç köpek ve bir kedi
Şeker planörü Eomukie ve Odengie
Holly adında bir köpek
Mickey adında bir köpek
Gureum (ya da Cloudie) adında bir köpek

6. ROL MODEL

Kanye West
T.O.P. (Big Bang)
Lil Wayne
G-Dragon (Big Bang)
Beenzino
Babası
Taeyang (Big Bang)

7. EN SEVDİĞİ RENK

Siyah, Beyaz, Kırmızı
Beyaz
Yeşil
Gri
Mavi/Siyah
Beyaz, Pembe ve Mor
Mavi ve Pembe

8. EVDEN YANINA ALMADAN ÇIKMAYACAĞI ŞEY

Su
Yemek Çubuğu
Yastık
Kamera

9. İSMİNİN ANLAMI

Güneyin dâhisi
Muhteşem hazine
Işıldayan inci
Şöhret
Ulusun direği
Sonsuz bilgelik
Şanssızlığa karşı umut

10. MASKÜLEN ADAM TANIMI

Hem güç hem bilgelik
Karakterli
Kendine güvenen
Sorumluluk sahibi
Yakışıklı
Başkalarını düşünen
Terbiyeli ve tutkulu

PUANIN: ___ /65

CEVAPLAR:
1. D, E, A, B, G, F, C
2. A, D, B, C, E, G, F
3. B, A, E, D, C, G, F
4. C, B, E, F, A, G, D
5. D, B, C, E, G
6. A, B, C, G, E, D, F
7. G, C, E, D, F, A, B
8. E, A, D, C
9. A, B, C, E, G, F, D
10. G, F, D, C, B, A, E

STAJYERLİK GÜNLERİ

Çaylaklıktan Süperstarlığa... Bir K-Pop Fenomeninin Başlangıcı

Seçmeler yapıp tanıtmadan önce aylar, hatta yıllar süren eğitimle bir müzik grubu oluşturmak K-Pop endüstrisinde standart bir süreçtir. Seçilen yetenekler grup olarak yurtlarında kalır, orada yemek yer, uyur, prova yapar. 7/24 hep birlikte takılırlar.

Bang, grup için seçmeler düzenlediğinde sadece müziğe ya da dansa odaklanmıyordu. Seçtiği stajyerlerin her biri son derece motiveydi ve daha küçük yaştan tutkuyla bu işi yapmak istiyordu. Bang, onlara şarkı söylemeyi, dansı, poz vermeyi, hatta gerçek birer süperstar gibi davranmayı öğretebilirdi, ama stajyerlerin eğitime müzik aşkı ve çalışma tutkusuyla girmesi esastı.

Daha büyük birkaç Kore pop müzik şirketinin stajyer ve yıldızlarına kötü davrandığı bilinirken Big Hit Entertainment farklı bir yol izledi. Şirketin patronu Bang Si-hyuk, Bangtan Boys'ta yaptığı gibi stajyer ve idollere bağımsızlık tanırken, karşılığında tamamen samimi, sık sık da sert olduğu kadar haklı eleştiriler bekliyordu.

> "Şarkıcı olduğumuz için insanlar abartılı hayatlar yaşadığımızı düşünüyor, ama aslında ben sadece uyuyorum, telefonumda oyun oynuyorum... Hepsi bu. Uyku dışında yurtta yapılabilecek fazla bir şey yok."
> —RM, *AJ x The Star* ile grup röportajı

NEREDEYSE BTS'E KATILACAK 10 K-POP SANATÇISI

Bu sanatçılar stajyerlik eğitimine davet edildi, ama sonunu getiremediler:

- i11evn
- Suwoong
- A-tom
- Kidoh
- Supreme Boi
- IRON
- Reddy
- Basick
- Loca
- Beenzino

Yurtta Yaşam

Grup ilk oluştuğunda yedi idol aynı odayı paylaşıyordu.

Başarı merdivenlerini tırmandıkça ikişer ikişer odalara ayrıldılar. Tek başına kalacak üyeyi belirlemek için taş-kâğıt-makas oyunu oynadılar. Golden Maknae, Jungkook en genç üye olduğu halde kazanan oldu.

2018'de idoller altı yatak odalı daha büyük yeni bir yurda taşındılar. Şimdi sadece J-Hope ile Jimin aynı odayı paylaşıyor ve ikisi de aksini düşünemeyeceğini söylüyor.

İDOL GECELERİ

"Amerika'da herhangi birine geçen yılki Koreli sanatçılardan birinin ismi sorulsa, büyük ihtimalle BTS cevabını verirdi. Bangtan Sonyeondan'ın müziği son yıllarda bütün dünyayı sardı ve 2017, son derece rekabetçi bir pazar olan ABD pazarını sonunda kırabildikleri yıl oldu. Koreli grubun yedi üyesi kasım ayında American Music Awards'ta ilk K-Pop performansını sergiledi. Aynı zamanda Ellen ve Jimmy Kimmel'ın programlarına çıkarak son derece sadık ve her geçen gün biraz daha büyüyen hayran kitlelerine viral videolar aracılığıyla adeta bir internet histerisi yaşattılar."

—*Forbes* dergisi, 27 Mart 2018

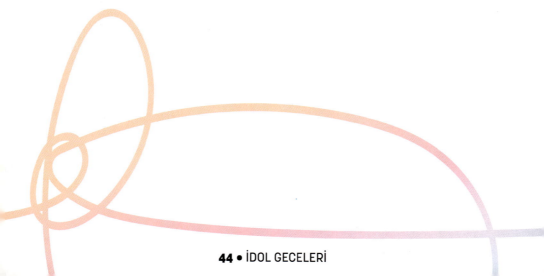

BTS Turneleri

- 29 Mart **2014** Resmi Küresel Hayran Grubu ARMY ile İlk Buluşma: First Muster, Seul, Güney Kore (3.000 hayran)

- 14 Temmuz **2014** Show&Prove Konseri, West Hollywood, Kaliforniya (250 hayran)

- 17 Ekim **2014** – 29 Ağustos **2015** BTS Live Trilogy Episode II: The Red Bullet, Güney Kore, Japonya, Filipinler, Singapur, Tayland, Tayvan, Malezya, Avustralya, ABD, Meksika, Brezilya, Şili, Hong Kong

- 10-19 Şubat **2015** BTS'in ilk Japonya turu, Wake Up: Open Your Eyes, Japonya

- 28-29 Mart **2015** BTS Live Trilogy Episode I: BTS Begins, Güney Kore (6.500 hayran)

- 27 Kasım **2015** – 23 Mart **2016** BTS Live The Most Beautiful Moment in Life on Stage, Güney Kore, Japonya

- 24 Ocak **2016** BTS Second Muster [ZIP CODE: 22920], Güney Kore (9.000 hayran)

- 12-13 Kasım **2016** BTS Third Muster [ARMY.ZIP+], Güney Kore (38.000 hayran)

- 7 Mayıs – 14 Ağustos **2016** BTS Live The Most Beautiful Moment in Life on Stage: Epilogue, Güney Kore, Tayvan, Makao, Çin, Japonya, Filipinler, Tayland

- 18 Şubat – 10 Aralık **2017** BTS Live Trilogy Episode III (Final Chapter): The Wings Tour, Kuzey Amerika, Güney Amerika, Asya, Avustralya

- 13-14 Ocak **2018** BTS Fourth Muster [Happy Ever After], Seul, Güney Kore (40.000 hayran)

ARMY MİSİN?
@BTS_TWT

BTS ARMY Hakkında Her Şey

Grubun hızla popüler olmasının ardındaki güç BTS ARMY adındaki hayran kitlesidir. Araya İngilizce ve Japonca kelimeler sıkıştırsa da BTS idolleri neredeyse tamamen Korece şarkı söyleyip röportaj verirken, dünya çapında üne kavuşmaları hayran ordusunun şarkı sözlerini ve röportajları birçok dile çevirmesinden dolayı olmuştur. Bu sayede satış kampanyaları yayıldı, sosyal medyada daha çok gündem oldular ve grupla ilgili haberler birçok dilde dünyanın her yerini sardı.

BTS üyeleri, hayran kitlelerinin ne kadar önemli olduğunu bildiğinden, internette ARMY'nin elde ettiği her yeni başarıya teşekkür etmeyi ihmal etmiyorlar.

Resmi Hayran Ordusu ARMY'ye Katılmak

ARMY üyelik başvurusu arada sırada açıklanır. Başvuru fırsatını yakalamanın en iyi yolu, hayran grubunun resmi Facebook sayfasını takip etmektir.

Üye olmak için öncelikle **daum.net** üzerindeki hayran platformuna (fancafe) üye olmanız, aynı zamanda **www.globalinterpark.com** e-ticaret sitesi Interpark'a kaydolmanız gerekir. İkisine de üyelik ücretsizdir.

BTS, Twitter'da kendi emojisini hak eden ilk K-Pop grubudur. Emoji, kurşun geçirmez yelek logolarına atıfta bulunuyor. Twitter'da en büyük hayran kitlelerini bulabilmek adına ARMY tüm dünyada yarışmak için bu emojiyi kullandı ve sonunda Brezilya, Türkiye ve Rusya'daki ARMY'ler yarışma süresince etiketi en çok kullanan ülkeler oldu.

Resmi Olmayan ARMY
(Yine de Muhteşem)

Resmi hayran grubuna üye olmak zorlu bir süreç, dahası Güney Kore dışında yaşıyorsanız gruba üye olmanın faydalarından çok az yararlanabiliyorsunuz, ama bu durum sizi sevimli temsilcilerden biri olma yolundan alıkoymasın.

Hayranların kurduğu **usbtsarmy.com** sitesi, resmi orduya katılmak için yönlendirmeler ve çeşitli güncel bilgiler içeriyor, üstelik bir de İngilizce hayran platformu var.

ALTIN YARIŞI

BTS'i en iyi ABD ödüllerinde yarıştırmak, tanınmalarını sağlamak, internet ve radyoda yer bulmalarına ön ayak olmak ve satışları artırmak için hayranların düzenlediği kampanya.

Fanclub, Fancafe... Aradaki Fark Ne?

Kore hayran kitlelerinin dünyasında sevilen sanatçı ya da grupları desteklemenin iki yolu fanclub (hayran kulübü) ve fancafe (hayran platformu) oluşumlarıdır. Platformlara üyelik ücretsizken, hayran kulüpleri aylık ücret alır.

BTS Fancafe: http://cafe.daum.net/bangtan

Üye olmak ücretsizdir; bununla birlikte site tamamen Korece olduğundan üye olmak zordur, dahası üye olunduğunda çok iyi bir internet-bazlı bir çeviri programı olsa bile, içeriği takip etmek ya da sohbete katılmak neredeyse imkânsızdır. Fancafe üyeliği sayesinde diğer ARMY üyeleriyle sohbet edebilir, Big Hit ve BTS'e doğrudan sorular sorabilir, imza günleriyle ilgili resmi güncel bilgileri alabilir, stüdyo kayıtlarından ve gelişmelerden haberdar olabilirsiniz. Bununla birlikte en sevdiğiniz idollere mesaj bırakabilir, başka üyelerin mesajlarını okuyabilirsiniz... Evet,

BTS süperstarları GERÇEKTEN DE fancafe mesajlarını okuyor. Özellikle J-Hope boş zamanlarında mesajları kontrol etmeyi çok seviyor. Grup üyeleri sık sık selca paylaştığından, yazılanları okuyamasanız bile günlük mutluluğunuz için bir doz bu fotoğraflardan alabilirsiniz.

Fancafe, Kore'nin en büyük web portalı Daum'da bulunmaktadır.

Fanclub Faydaları

Resmi BTS ARMY hayran grubuna üyelik her yıl farklı faydalar sunmaktadır. Üyelik başvuruları baharda alınır ve sadece birkaç hafta sürer. Bu dönemde Twitter, Instagram ve resmi web sitesi gibi resmi BTS sosyal medya hesapları üzerinden duyurular yapılır.

Hayran Çığlıkları

K-Pop hayranları, idollerini son derece ateşli bir şekilde destekler. Bunun en güzel göstergesi, özellikle konserlerde hayranlarının öğrendikleri tezahüratları hep bir ağızdan tekrarlamalarıdır. Seyirci katılımı daha çok belli başlı Korece ya da İngilizce şarkı sözleri şeklinde kendini gösterir. Bazen de belli bir sırayla grup üyelerinin isimleri haykırılır:

"Kim Nam-joon! Kim Seok-jin! Min Yoon-gi! Jung Ho-seok! Park Ji-min! Kim Tae-hyung! Jeon Jung-kook! BTS!"
–BTS hayran tezahüratı

Bu tezahüratlarla hem sahnedeki idoller hem de seyirciler coşar.

"BTS hayranlarından oluşan ARMY bizlerle sürekli duygularını, başarısızlıklarını, tutkularını ve hayat mücadelelerini paylaşıyor. Sıklıkla onlardan ilham alıyoruz, çünkü şarkılarımızda daha çok, tıpkı bize benzeyen gençlerin gerçek hayatta yaşadıklarını anlatmaya çalışıyoruz. Yani esin kaynağımız olan hayranlarımız müzisyen olarak gideceğimiz yolu belirliyor. Tabii bu yolda devam etmemizin en büyük nedenlerinden biri de bize duydukları sevgi ve asla eksik etmedikleri destekleri."
—RM, *Time* dergisi röportajı

RESMİ OLMAYAN HAYRAN GRUPLARI

Amino Army, kendilerini BTS ve üyelerine duydukları sevgiyi ve sahip oldukları bilgileri paylaşmaya adamış dünya çapındaki hayranlardan oluşan bir internet topluluğu. Üye olmak ücretsizdir ve Amino aplikasyonundan ya da **https://aminoapps.com/c/Btsarmy/** adresinden üye olunabilir. Amino Army blog yazıları, testler, anketler, hayran çizimleri ve hem grup hem yaptıkları müzik hem de yedi üyesiyle ilgili olabilecek her şeyi paylaşmaktadır.

BTS Diary de BTS ile ilgili hemen her şeyin bulunabileceği kaynaklardan biridir. Gün içinde yeni gelişmeler, yeni albüm ya da single'ların yayın tarihi için geri sayım ve uluslararası dergi röportajlarının çevirileriyle sürekli güncellenir.

BTS Wiki, BTS ile ilgili her geçen gün biraz daha büyüyen bilgi dünyasına katkıda bulunmak isteyenler için olan kitlesel bir platformdur. Büyümesine katkıda bulunmak istiyorsanız: **http://the-bangtan-boys.wikia.com/wiki/ BTS_Wiki**

BTS hayranları arasında kongreler de çok popülerdir. Grubun yedi üyesi 2014 yılında Los Angeles'taki Kore Kültür Kongresi KCON'da boy gösterdiğinde, grubun yüzlerce hayranı onları yalnız bırakmamıştı.

BONUS:
RM'in Twitter'daki kişisel müzik önerileri için
#RMusic etiketini takip edebilirsiniz.

BTS HAKKINDA RESMİ VE RESMİ OLMAYAN BÜTÜN BİLGİ KAYNAKLARI

Resmi Siteler

- BTS resmi web sitesi: **bts.ibighit.com**
- BTS Shop: **btsofficialshop.com**
- BTS Shop (İngilizce): **en.btsofficialshop.com**
- BTS Blog: **btsblog.ibighit.com**
- BTS V Live: **channels.vlive.tv/FE619/video**
- BTS Weibo: **weibo.com/BTSbighit**
- BTS Fancafe: **cafe.daum.net/BANGTAN**
- BTS Japonya Resmi Fanclub: **bts-official.jp**
- Soundcloud: **soundcloud.com/bangtan**

Forum

- BTS'e adanmış bir Bangtan platformu: **bangtanbase.com**

SPOTIFY

Her BTS üyesi kendi şarkı listesindeki fotoğrafında bir harf tutmaktadır. Sırayla bakıldığında "MICDROP" kelimesi ortaya çıkıyor.

Jungkook: I Am Listening to It Right Now by BTS

Jin's GA CHI DEUL EUL LAE? by BTS

Jimin's JOAH? JOAH! by BTS

SUGA's Hip-Hop Replay by BTS

RM's Heavy Rotations by BTS

J-Hope's JAM by BTS

V's Join Me by BTS

ARMY DOSTLARI
YARDIMA HAZIR

ARMY Hayran Kitlesi Sevgi ve Umut Yayıyor

Army Help Center (Yardım Merkezi) **www.spreadlovepositivity.org** web sitesi üzerinden, duygusal destek sağlayan ya da yardıma ihtiyaç duyan dünya çapındaki genç yaşlı BTS hayranlarına gönüllü olarak zaman ayıran bir BTS hayran grubu. AHC danışmanları, internet ve sosyal medyada otuzdan fazla yabancı dilde gece gündüz gönüllü destek veren psikologlarla psikoloji öğrencilerinden oluşuyor.

Dinlenilmek ve önyargısız bir şekilde anlaşılmak isteyenler Twitter'da DM üzerinden AHC ile iletişime geçebilir. Profesyonel olmasalar da gönüllüler, okulda zorbalık ya da sosyal endişe gibi belli başlı durumlarla nasıl başa çıkılabileceği konularında seve seve bilgilerini paylaşabilir ve ihtiyaç duyduğunuz destek için hangi profesyonellerle görüşmeniz gerektiği konusunda sizleri yönlendirebilir.

Yardım merkezi kurulduğundan bu yana **@BTS_AHC** hesabı üzerinden tam 3.000 özel mesaj aldı ve bu sayı her geçen gün artıyor!

Yardım merkezine **slp@spreadlovepositivity.org** ya da **btsarmyhelpcentre@gmail. com** adreslerinden e-posta yoluyla ulaşabilirsiniz. Bu adreslerden doğrudan görüşebileceğiniz danışmanlara yönlendirilirsiniz.

AHC ve Spread Love Positivity oluşumlarının BTS ya da Big Hit Entertainment ile doğrudan bir bağı yoktur.

"Hayranlarımızın yarattığı dünyada bulduğum aile, günlük hayatımın en değerli parçası haline geldi. Her bir ARMY üyesini tek tek önemsiyorum. Biz bir aileyiz ve birlik olup birbirimize değer verirsek kimse bize dokunamaz. Ailemi seviyorum."
—Valfroy Aissatou, AHC platformunun kurucusu

DİSKOGRAFİ

İlk Single Albüm: **2 Cool 4 Skool** [2013]

İlk Mini Albüm: **O!RUL8,2 ?** [2013]

İkinci Mini Albüm: **Skool Luv Affair** [2014]

Özel Albüm: **Skool Luv Affair Special Edition** [2014]

Japonca İlk Single Albüm: **No More Dream** [2014]

İkinci Japonca Single Albüm: **Boy In Luv** [2014]

İlk Albüm: **Dark & Wild** [2014]

İlk Japonca Albüm: **Wake Up** [2015]

Üçüncü Japonca Single Albüm: **Danger** [2015]

Üçüncü Mini Albüm: 화양연화 **(The Most Beautiful Moment In Life) pt. 1** [2015]

Dörüncü Japonca Single Albüm: **For You** [2015]

Dördüncü Mini Albüm: 화양연화 **(The Most Beautiful Moment In Life) pt. 2** [2015]

Beşinci Japonca Single Albüm: **I NEED U** [2015]

Altıncı Japonca Single Albüm: **RUN** [2016]

Özel Albüm: 화양연화 **(The Most Beautiful Moment In Live) Young Forever** [2016]

- CD 1

- CD 2

İkinci Japonca Albüm: **Youth** [2016]

İkinci Albüm: **WINGS** [2016]

The Best of BTS [2017]

Japonca versiyonu

Korece versiyonu

EXTENSION: **WINGS YOU NEVER WALK ALONE** [2017]

BTS – LOVE YOURSELF 承 'TEAR' [2018]

BTS – LOVE YOURSELF 結 'ANSWER' [2018]

VİDEO / DVD

Memories of 2014 (3xDVD)	2015
2015 Live the Most Beautiful Moment in Life on Stage (3xDVD-V, Ltd)	2016
Memories of 2015 (4xDVD-V)	2016
2016 BTS Live on Stage: Epilogue Concert (3xDVD-V, Ltd)	2017
Kayo Nenka on Stage: Epilogue (2xDVD-V, Ltd)	2017

BONUS ŞARKILAR

Şarkıları dijital ortamda indirmek çok kolay, ama bazı albümlerde gizli sürprizler olduğunu biliyor muydunuz?

2 Cool 4 Skool
- Path
- Skit: On the Start Line

Love Yourself: Her
- Ocean/Sea
- Skit: Hesitation and Fear

Bangtan Boys sadece rap yapıp şarkı söylemiyor, sadece gerçek idoller gibi dans etmekle kalmıyor. Onlar aynı zamanda şarkı sözü yazarlığında da yıldızlaşıyor. RM, Suga, J-Hope ve Jungkook'un prodüktörlük alanında da katkıları oluyor.

Mayıs 2018'de Korece yapılan Love Yourself: Tear on iki yıl aradan sonra yabancı dilde Billboard listelerine bir numaradan giren ilk albüm oldu.

Yıldızlar da Eşlik Ediyor

Bangtan Boys'un çılgın K-Pop yetenekleri ünlü hayranlarından aldıkları küçük yardımlarla gelişiyor. İşte birkaç işbirliği:

BTS, Billboard Music Awards'ta Chainsmokers grubundan Andrew Taggart'la tanıştığında, Love Yourself: Her albümündeki "Best of Me" şarkısının temelleri atılmış oldu.

Steve Aoki ile birlikte yaptıkları "MicDrop (remix)" Billboard Hot 100 listesinde tam on hafta kalırken ABD'de büyük ses getirdi.

"İlk şarkı sözü yazma girişimimde arkadaşlar benimle dalga geçti. Bence prodüktörlerin şarkı söylemeyi, rap yapmayı ve beste yapmayı bilmesi gerekiyor. Bir şarkıyı başka birinin şarkısından ritim alarak yapmak yerine, başından sonuna inşa edersem daha anlamlı olur."

—RM

BONUS:
Love Yourself: **Her, satışa çıkmadan önce 1.120.000 kopya sipariş aldı.**

MÜZİĞİN ARDINDAKİ ANLAM

Ortalama Bir Pop Grubundan Daha Zeki

BTS'in müzik videolarında şarkı sözlerini anlamasanız bile, zekice kurgulanmış bir alt metin olduğunu fark edersiniz. En derin anlamları içeren videoları, "Wings" için çektikleri kısa filmdir. Video RM'in İngilizce sözleriyle başlar: *"The realms of day and night. Two different worlds coming from two opposite poles mingled during this time* **(Geceyle gündüz âlemi. İki zıt kutuptan gelen iki farklı dünya zamanda kaynaşıyor).**" Bu sözler 1919 yılında Hermann Hesse'nin yazdığı *Demian* adındaki klasik bir Almanca romandan geliyor. Roman, manevi doğruların gerçek dünyasıyla sanrılar dünyası arasındaki bocalamayı irdeler; başkalarına gösterdiğimiz sığ dünyayla gerçek tabiatımızı gösterdiğimiz gerçek dünyamızı. Hoobaes (yeni başlayanlar) için son derece derin sayılabilir.

Mesajı Olan Müzik

Kore Ulusal Yayın Ağı olan KBS röportajlarından birinde RM'in açıkladığı üzere grup, insanların vermek istedikleri mesajlarla daha sıkı bir bağ kurabilmesini sağlamak için şarkılarında edebi referanslar kullanmayı seviyor.

Bangtan Boys'un şarkıları genellikle aşk ve okul gibi ergenlik çağındaki gençlerin günlük bocalamaları etrafında dolaşıyor, ama grup toplumsal normlar, cinsellik ve akıl hastalıkları gibi çok daha ağır meselelere girmekten de hiç kaçınmıyor.

> **BONUS:**
> Bir Künstlerroman, bir sanatçının rüştünü ispatlama hikâyesidir. *Demian* bunun klasik örneklerinden biridir. BTS'in birçok şarkısı ve müzik videosu, birer Künstlerroman çalışması olarak da görülebilir.

"BTS ekip kimliğimizle önyargılar ve baskılara karşı savaştığımız kadar, müziğin bütünlüğünü de korumaya çalışıyoruz. Bu mesajları birbiriyle bağlantılı hale getirmeye uğraşıyoruz. Müzik yoluyla iletişim kurmak için çok çaba harcıyoruz."

—J-Hope, KBS röportajı

ESİN KAYNAĞI OKUMALAR

Bu gençler rap yapabiliyor, dans edebiliyor. Yakışıklılar. Aynı zamanda çok iyi okuyucular. Dünya çapındaki gençlik, bir Alman klasiği olan *Demian* romanını keşfettiğinden beri Namjoon çeşitli fotoğraf ve videolarda kitap okurken ya da yanında taşırken görüldü. Şimdiyse ARMY, grup üyelerinin okuduğu diğer kitapları yakalamaya çalışıyor. En sevdiğiniz BTS şarkılarıyla daha derin bağlar kurmak istiyorsanız, aşağıdaki okuma listesine göz atabilirsiniz.

Yaşam Dersleri, *Elisabeth Kübler-Ross (Suga)*

About Her, *Banana Yoshimoto (Suga)*

Mutfak, *Banana Yoshimoto (RM)*

Demian, *Hermann Hesse (RM)*

Denizler Altında Yirmi Bin Fersah ve 80 Günde Devrialem, *Jules Verne (J-Hope)*

Lord Chesterfield's Letters, *Phillip Chesterfield (V)*

1Q84, Sahilde Kafka ve İmkânsızın Şarkısı, *Haruki Murakami (RM)*

Senden Önce Ben, *Jojo Moyes (RM)*

Yabancı, *Albert Camus (RM)*

Çavdar Tarlasında Çocuklar, *J. D. Salinger (RM)*

Otostopçunun Galaksi Rehberi, *Douglas Adams (RM)*

"BTS ekibi olarak şarkılarımızda her zaman onlu ve yirmili yaşlardaki insanların büyüme hikâyelerine vurgu yaparız. Temel mesajımız bu."

—RM, KBS röportajı

DANS

Stajyerlik günlerinde gençler günde yaklaşık on saat dans çalışıyordu. Hatta içlerinden birkaçı, ertesi gün diğerlerini zor durumda bırakmamak için gecenin bir yarısı uyanıp çalışmaya devam ediyordu. Performans direktörü ve koreograf Son Seong Deuk, grup üyelerinin başarısızlıklarıyla ilgili performanslarının daha kusursuz olması için ne yapabileceklerine dair içgüdüsel bir his geliştirdiğine inandığında günlük çalışmayı dört saate indirdi.

- Kusursuz hip hop ve serbest dans hareketlerini ustaca öne çıkarmayı bilen J-Hope dansta başı çekiyor.

- Temiz hareketleri ve akıcı dans tarzıyla Jimin bir modern dansçı olarak yetiştirildi. Sahnede su gibi hareket ediyor.

- Jungkook, dansına zarafet, güç ve enerji katan tae kwon do (tekvando) dersleri aldı.

Bu üçü, stajyerlik eğitimine girmeden önce hiç dans geçmişi olmayan RM, V, Jin ve Suga için itici güç oldu.

Grubun dans hareketlerini öğrenmek istiyorsanız, her bir adımı ve hareketi teker teker ayırıp videoları yavaşlatan YouTuber'ların kanallarını takip edebilirsiniz. Birkaç vlogger, grubun danslarını aynen tekrarlayabilmeniz için adım ve hareketleri ayna yansıması yöntemiyle vermektedir. Bununla birlikte diğerleri ekranda ve sahnede gördüğünüz dans hareketlerini nasıl yapabileceğinizi göstermektedir.

BTS: EKRANIN DIŞINA TAŞMAK

Şarkı söylemedikleri, rap yapmadıkları, dans etmedikleri, performans sergilemedikler stüdyoya girmedikleri, provada olmadıkları, yemek yemedikleri, vlog yayını çekmedikleri, beste yapmadıkları, hayranlarıyla buluşmadıkları, TV yarışmalarına katılmadıkları ya da müzik videosu çekmedikleri boş zamanlarında grup üyeleri kendi webtoon, emoji ve oyun aplikasyonlarını tasarlıyor.

Bu izcilerin yapamayacağı bir şey yok mu?

BONUS:
Webtoon (web+[car]toon), dikey akan dijital manga yu da çizgi romanlara denir.

Hip Hop Monster

Grubun birbirine acayip benzeyen yedi aegyo figürü oluşturulurken, Big Hit Entertainment kişilik, görünüm ve hobi konusunda CJ E&M şirketiyle işbirliği yaptı. Bu figürler 2014 yılında internet ortamında gerçekleştirilen BTS Meet&Greet hayran buluşmasında tanıtıldı. Oyuncak bebekler, çıkartmalar, figürler ve Hip Hop Monster webtoon bugün ikonlaşmış bir ürün serisi haline geldi.

Çizgi dizi yedi karakterin bir kulüp kurup küçük maceralara atıldığı okulda geçiyor. Şimdiye kadar kırk dört bölüm yayınlandı. İngilizce çeviriler, BTS Diary sitesinin Webtoons menüsünde bulunabilir: **https://btsdiary.com/hip-hop-monster**

We On: Be the Shield

Bir sonraki webtoon dizisi tamamen farklı bir manga tarzına sahip ve hikâyesi albüme ismini veren O!RUL8,2? şarkısı üzerine kurulu. Hikâye, aynı isimlerle olsa da grup üyeleriyle aynı kişiliğe sahip olmayan yedi karakterin süper güçleriyle dünyayı işgalci canavarlardan korumaya çalışmasını anlatıyor. Sadece bir sezonu olan dizi yirmi dokuz bölümden oluşuyor. İngilizce çeviriler, BTS Diary sitesinin Webtoons menüsünde bulunabilir: **https://btsdiary.com/picture/webtoon/we-on-be-the-shield**

BT21: Dost Yaratıcılardan Sevimlilik İstilası

Line Friends ve BTS işbirliğinde, gençler kendi karakterlerini yarattı, sonra Line Friends onları yastık, pelüş, giysi, aksesuar ve kişiliklerini yansıtan figürler şeklinde tasarladı. Elbette bütün bu süreç BTS tarzında kamerayla takip edildi. Hikâyeyi ve karakterleri resmi www.bt21.com sitesinde bulabilir, resmi koleksiyonluk eşyaları **Amazon.com** adresinden (BT21 araması yaparak) satın alabilirsiniz.

Puzzle Star BT21

BT21 the Game, gençlerin Line Friends işbirliğinde yarattığı sevimli karakterlerle oynanan bir kaydır-patlat oyunu. Oyunu ve emoji karakterleri Google Play ya da App Store üzerinden ücretsiz indirebilirsiniz.

TV'DE BTS

VLive.TV ve YouTube'da Bangtan TV kanallarında neredeyse her gün ücretsiz BTS güncellemeleri yayınlanıyor. Bunlara ek olarak V Live ve YouTube Red platformlarına üyelik karşılığında ekstra premium içerik izleyebiliyorsunuz. K-Pop idollerine âşık hayranlar için günlük mutluluk adına bu doz hiç de az değil!

VLIVE.TV

V Live, BTS gibi ünlülerin hayranlarıyla doğrudan buluşabileceği bir platform sunan bir internet yayıncısı. BTS kanalında Run BTS! ve BTS Gayo! gibi birçok mini dizi seyredilebilir. BTS'in V Live platformunda neredeyse dokuz milyon takipçiye sahip olması hiç de şaşırtıcı değil. Üyeliğiniz varsa sadece her salı günü Run BTS'in yeni bir bölümünü seyretmekle kalmıyor, aynı zamanda bütün videolarını istediğiniz zaman dilediğiniz kadar izleyebiliyorsunuz. Bununla birlikte, grup üyelerinin hayran etkinlikleri, seyahatler ya da en basitinden ev temizliği gibi sahne dışındaki günlük hayatlarına dair samimi vlog paylaşımları da platformda yer alıyor.

***Run BTS!** gençlerin hayranları için kamera önünde yaptıkları müsabakalarla eğlendikleri bir tür eğlence programı. İzci gençler bu programda hiç çekinmeden kız öğrencilerin okul önlüklerini giyiyor, korkularıyla yüzleşiyor, mutfağı batıran yemek yarışmalarında yarışıyorlar. Hatta hayranların acayip sevimli bulduğu bir bölümde köpek yavrularını eğitmeye çalışmışlardı. Program ilk kez 2015 yılında yayınlandı, her hafta yeni bir bölüm yayınlanıyor ve V Live'da kamera arkası görüntüleri de bulunabilir.*

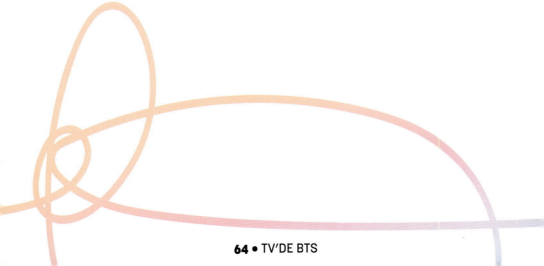

BTS Gayo! grup üyelerinin her hafta yarışmacı olduğu bir müzik yarışması. Yarışma müziğin, dansın, şarkı söylemenin ve pop kültürünün farklı yönlerine odaklanıyor. Gençler her bölümde çocuk şarkılarını tahmin etmekten karaoke yapmaya kadar birçok dalda birbiriyle yarışıyor. Hatta bazen kendi müzik videolarını yapıyorlar. Program 2015-2017 yılları arasında yayınlandı, ama bütün bölümlerle birlikte kamera arkası görüntüler hâlâ BTS'in V Live kanalında izlenebiliyor.

BTS Bon Voyage (1-2. sezonlar)

BTS'in seyahatlerinde kaydedilen görüntülerden oluşuyor. Birinci sezon 2016'da yayınlandı ve grubun üçüncü yıl dönümlerini kutladıkları on günlük Kuzey Avrupa turnelerini gözler onune seriyor. İkinci sezon bir yıl sonra yayınlandı ve dokuz günlük Hawaii turnesinde çekildi.

Bokbulbok kelimesi şans/şanssızlık anlamındadır. Beş bölümlük yarışmada grup üyeleri Big Hit Genel Merkezi'nin prova alanında yarıştı. Her hafta gençlerden biri bir balık fanusundan şeffaf bir top seçiyor ve topun içinde yazan görevi yerine getirmeye çalışıyor.

BTS Home Party, BTS Festa'nın bir parçası olarak her yıl gerçekleştiriliyor. Seul'den canlı yayınlanan etkinlik sadece ARMY üyelerine açık, ama 105 dakikalık film, BTS V Live kanalında ücretli izlenebiliyor.

BTS A.R.M.Y. Rookie King, müzik grubu henüz yolun başındayken sekiz bölüm olarak yayınlandı. Bu videolarda gençler yemek pişirdi, bowling oynadı, şakalaştı ve oyunlar oynadı. Bu serinin en popüler oyunu, grup üyelerinden biri güvendeyken diğer altı tanesine altı kart verilen Endplate King oyunuydu. Kartlardan beşinde güvenli yazıyordu, altıncısındaysa kurukafa sembolü vardı. Kurukafa sembolü alan talihsiz oyuncu başında yumurta kırılmak, grup arkadaşları tarafından kendisine makyaj yapılması, çürük balık koklamak ya da kat kat kıyafetlerle saunaya girip acılı ramen yemek gibi çeşitli şekillerde cezalandırılıyordu. Rookie King serisini İngilizce altyazılarıyla YouTube'da bulabilirsiniz.

BTS Burn the Stage, YouTube Red'de yayınlanıyor. Grup ilk dünya turnelerine hazırlanırken üç yüz gün boyunca takip edildi. Bangtan Boys bu seriyi hayranlarına ve birbirlerine adadı. Videolarda sıkı çalışmaları, dostlukları ve birlikte yaptıkları eğlenceli seyahatler anlatılıyor, aynı zamanda küçük başarısızlıklara, zaferlere ve dünya çapında ün kazanan sanatçılar olarak kendilerini nasıl geliştirdiklerine tanıklık ediliyor. Burn the Stage'in haftalık ilk bölümü Mart 2018'de yayınlandı.

BTS Festa, grubun 2013'teki çıkışlarını kutlamak üzere her yıl 1 Haziran'da gerçekleşiyor. Bangtan Boys iki hafta boyunca hayranlarını ücretsiz fotoğraflar, şarkılar ve videoların yanı sıra dans provaları, yeni çıkan şarkılar ve işbirlikleri ile ilgili kamera arkası görüntülerle sevindiriyor.

Bangtan Bomb, BTS grubunun hayatına dair kısa videolardan oluşan bir seri. İki dakikadan neredeyse on dakikaya varan uzunluklarıyla bu videolar Bangtan Sonyeondan gençlerinin günlük vloglarından oluşuyor. Hepsi YouTube üzerinden BangtanTV kanalındaki Bangtan Bomb video listesinde izlenebilir.

BTS *AMERICAN HUSTLE LIFE* TV PROGRAMI 2014

Stajyer Bangtan Boys, eğitimleri sırasında görünümleri, müzikleri, dansları ve ilişkileriyle ilgili günün uyanık oldukları her saatinde büyük çaba gösterdiler. Ortaya çıktıklarında eleştirmenlerin eksik olduğunu düşündükleri tek şey, özgün bir hip hop duygusu verememeleriydi. Gerçek bir lider olan Bang bu eleştirilere kulak vererek yeni bir plan yaptı: Amerikan kültürünü ilk elden öğrenmeleri için gençleri ABD'ye gönderdi. Grup üyeleri böylece hip hop acemi birliğine... ve tabii ki *American Hustle Life* programına katıldı.

Gerçek bir Kore draması tarzında, gençlere yeni bir albüm kaydı için Los Angeles'a gidecekleri söylenmişti. Ne var ki ABD'ye adım attıkları anda haberleri olmayan bir senaryo doğrultusunda kaçırıldılar ve "ödleri koparılmak" üzere çok gizli bir yere götürüldüler. Gençler kendilerine oynanan oyunu öğrendiklerinde çok eğlendi. Sonrasında kendilerine ABD'ye aslında Amerikan hip hop kültürünün her şeyini öğrenmek üzere getirildikleri söylendi. Akıl hocaları olan Dante Evans, Nate Walka ve Tony Jones'un yanı sıra öğretmenleri Coolio ve Warren G ile tanıştırıldılar. Sonraki iki hafta pop testleri, dans yarışmaları, disiplin ve her şeyden önemlisi alanlarında ustalaşan sanatçılardan hayatlarını değiştiren derslerle geçti.

COOLIO

Gençler dünyanın öbür ucunda sahiplendiklerini sandıkları kültüre dair ne kadar az şey bildiklerini fark edince son derece şaşırdı. İki haftalık süre içinde, eve döndükleri andan itibaren kendilerine rehber edinebilecekleri hızlı bir Amerikan müziği kursu aldılar.

Grup üyeleri Los Angeles'ın havasına, plajlarına, manzaralarına ve kaldıkları Kaliforniya tarzı malikâneye bayıldı. Ders ve hip hop ödevleri dışında kalan zamanlarını gerçek BTS tarzında dinlenip şakalaşarak geçirdiler. Bu iki haftanın hayranlar açısından en güzel yanı, kameranın sürekli kayıtta olmasıydı! Her hafta grubun şehirde yaşadıklarıyla ilgili yeni bir video yayınlandı: Başarıları, başarısızlıkları, heyecanları ve korkuları... Her şey bu videolarda paylaşılıyordu. Gençler sanki kamera önünde hiçbir şeylerini saklamıyorlardı ve hayranları onların sevimli hallerine doyamıyordu.

BTS: GERÇEK BİR TİCARİ BAŞARI

Mart 2018'de BTS, yeni aplikasyonları KB Kookmin Bank'ın reklamı için bir müzik videosu yayınladı. Şarkı tabii ki "Run" olacaktı!

Grup, sadece birkaç hafta sonra LG Mobile ve LG Electronics'in küresel elçileri olarak Team LG'ye katılarak ticari başarısını katladı. Lotte Duty Free Shop için yaptıkları reklamlar dört dilde hazırlandı.

> "LDF seni hoş bir erkek yapacak.'
> —Lotte Duty Free Shop reklamındaki rap şarkıdar

Yonhap News/YNA/Newscom   Yonhap News/YNA/Newscom   Yonhap News/YNA/Newscom

Yonhap News/YNA/Newscom   Yonhap News/YNA/Newscom   Yonhap News/YNA/Newscom   Yonhap News/YNA/Newscom

BTS, RUSYA'DA GERÇEKLEŞTİRİLEN 2018 FIFA DÜNYA KUPASINDA COCA-COLA MARKASININ REKLAM YÜZÜ OLUNCA SÜPERSTARLIĞA ADIM ATMIŞ OLDU

"BTS'i reklam yüzümüz olarak seçtik, çünkü sahnede müthiş bir enerjileri var ve müziğe olan tutkuları dünyanın her yerinde mutlulukla izlenen Dünya Kupası'nın ateşiyle örtüşüyor. Bu sıcak yaz gününde Coca-Cola'nın verdiği mutlulukla eşdeğer. Rusya Dünya Kupası ilk işimiz oldu, Coca-Cola olarak yaza heyecan verici özel bir deneyim katmak için BTS ile çalışmaya devam edeceğiz."

—Coca-Cola basın bülteni, 29 Nisan 2018

BTS MÜZİK VİDEOLARI

BTS müzik videoları sadece grup üyesi gençlerin şarkı söyleme, dans etme, rap yapma, prodüksiyon ve müzik besteleme yeteneklerini ortaya koymuyor... Aynı zamanda rol yapma yeteneklerini de kanıtlıyor! Çektikleri videolar, sıklıkla grup üyeleri arasındaki eğlenceli kardeşliği yansıtan karmaşık hikâyelerden oluşuyor. Bununla birlikte dünya gençliğinin karşılaştığı derin ve önemli sorunları gündeme getiriyor.

1. 11 Haziran 2013 – "No More Dream"
2. 16 Temmuz 2013 – "We Are Bulletproof Pt. 2"
3. 10 Eylül 2013 – "N.O."
4. 11 Şubat 2014 – "Boy In Luv"
5. 6 Nisan 2014 – "Just One Day"
6. 19 Ağustos 2014 – "Danger"
7. 21 Ekim 2014 – "War of Hormone"
8. 29 Nisan 2015 – "I Need U"
9. 23 Haziran 2015 – "DOPE"
10. 29 Kasım 2015 – "Run"
11. 19 Nisan 2016 – "Young Forever"
12. 1 Mayıs 2016 – "FIRE"
13. 15 Mayıs 2016 – "Save Me"
14. 9 Ekim 2016 – "Blood Sweat&Tears"
15. 12 Şubat 2017 – "Spring Day"
16. 19 Şubat 2017 – "Not Today"
17. 18 Eylül 2017 – "DNA"
18. 24 Kasım 2017 – "MIC Drop (Steve Aoki Remix)"
19. 18 Mayıs 2017 – "FAKE LOVE"
20. 24 Ağustos 2017 – "IDOL"

HYYH SERİSİ

Hwa Yang Yeon Hwa - The Most Beautiful Moment in Life (Hayattaki En Güzel An) - HYYH

HYYH serisi yedi gencin hikâyesini video, müzik ve çok az diyalogla anlatıyor, öykü akışını fazlasıyla yoruma açık bırakıyor. Müzik videolarının ne anlama geldiğine dair hayran teorilerine her yerde rastlanabilir. Bunlar intihar, cinayet, depresyon ve diğer akıl hastalıkları gibi son derece derin meselelerden çocukluktan erişkinliğe geçiş sancıları gibi daha acı tatlı meselelere kadar bir yelpaze oluşturuyor. Haliyle birçok sembolik yorumlamaya neden oluyor. Teorilerin hiçbiri BTS ya da Big Hit tarafından yalanlanmasa da Bangtan Boys çeşitli yerlerde ipuçları bırakarak gizemi büyütüyor, hatta adeta yangına körükle gidiyor. Videolar herhangi bir sırada izlenebilse de yaygın teoriye göre aşağıdaki sırada izlemek daha anlamlı:

- *I Need U Original Version*
- *Butterfly Prologue*
- *Run*
- *Epilogue: Young Forever*
- *Wings short films*
- *Blood Sweat & Tears*
- *Love Yourself highlight reels*
- *Spring Day*

"HYYH, dört harften oluşan bir deyim. Hwa yang, çiçek şekli anlamına geliyor. Yeon hwa ise zaman ya da an anlamında. HYYH tam olarak bir çiçeğin güzel anı olarak çevrilebilir. Biz de HYYH deyiminin gençlik anlamına gelebileceğini düşündük. Yani hayatın en güzel anı. Bizce bu an gençliğimiz. Ve arenada birlikte geçirdiğimiz zamanın hayatımızın en güzel anı olmasını umuyoruz."
—RM, albüm, şarkılar ve turne hakkında konuşurken

Müzik Videolarını Anlamak

Grup, şarkılarının altında yatan daha derin anlamları yansıtabilmek için müzik videolarında sık sık semboller kullanıyor. Bunları anlamak için RM gibi 148'lik bir IQ'ya sahip olmanız da gerekmiyor. Sembollerin çoğu ışıkla karanlığın tezatlığını temsil ediyor: Gençlik ve tecrübe, masumiyet ve olgunluk, sanrı ve gerçeklik, arzular ve fedakârlıklar... Bangtan Boys hayatı, kolay yolu bulmakla doğru işi yapmak için çok çalışmak ve günlük hayatın sosyal ve duygusal baskılarına üstün gelebilmek arasındaki bocalama olarak görüyor.

Blood Sweat&Tears

"Blood Sweat&Tears" müzik videosunu ilk kez seyreden çoğu hayran ya kafa karışıklığı yaşadı ya da fazlasıyla duygulandı. Videoda yer alan bolca sembol ve edebi referansı açıklamak için dönem ödevi bile yazılabilir! Videodaki sembollerden bazılarının açıklamaları aşağıda.

1. *Jungkook tüyler arasında havada uçuyor ve V yüksek bir platformdan atlıyor. Bu atlayış İkarus efsanesindeki hırsın getirdiği düşüşü temsil ediyor.*

2. *Jimin'in elması İncil'deki günah işleme kavramının karşılığı.*

3. *V'nin vandalizm suçundan esir alınması, otoritenin sanatı kısıtlayıp kontrol altına almasını anlatıyor.*

4. *Jin'in masadaki kadehi kaldırması, diğerlerini kurtarmak için birinin kendini feda ettiği Son Yemek'e gönderme.*

5. *Jin, sanatla bağ kurmak adına heykeli öpüyor. Sanatı benimsediği anda dünya rengârenk patlıyor.*

6. *Jimin'in gözyaşları, sanatçının mücadelesini anlatıyor.*

"Spring Day:" Kayıp Hayatlara Bir Saygı Duruşu

Demian, idol grubun başvurduğu tek edebi referans değil. "Spring Day" (Bahar Günü) şarkısındaki mesaj ve müzik videosu konseptinde Ursula K. Le Guin'in yazdığı ödüllü "Omelas'ı Bırakıp Gidenler" adlı fantastik kısa hikâyeden esinlenilir. Hayali bir yer olan Omelas, sonsuz bahar mevsiminin yaşandığı, eşitliğin, özgürlüğün ve masumiyetin hâkim olduğu ütopik bir yer olması gerekirken, hikâye ilerledikçe aslında gerçeğin tam tersi olduğu anlaşılır. "Spring Day" şarkısı yalnızlık hissini ve mutluluk arayışını konu edinirken, müzik videosunda BTS grubunun üyeleri bu hayali ütopyanın kasvetli ortamında dolaşır. Video, Sewol feribot felaketinde hayatını kaybedenlerin anısına bir saygı duruşu niteliğindedir. Feribot battığında çoğu okul gezisine çıkan öğrenciler olmak üzere 304 kişi hayatını kaybetmişti.

Müzik videosu, V'yi yapayalnız gördüğümüz soğuk bir tren istasyonunda başlıyor. Görünmeyen arkadaşlarının bıraktığı bavullarla tek başına duran V'nin arkasındaki duvarda yazan "You'll never walk alone" (Asla yalnız yürümeyeceksin) yazısı, ışığı yanıp sönen "No Vacancy" (Boş Yer Yok) tabelası, Sewol felaketinde hayatını kaybeden kurbanların anısına atlıkarıncadaki sarı kurdele… Müzik videosunda sayısız sembol yer alıyor. Onları bir türlü mutlu etmeyen bir dizi boş deneyimin ardından gençler Omelas'ı birlikte terk ederek dünya dışındaki gerçek mutluluğun arayışına çıkıyorlar. Müzik videosu grup üyelerinin aydınlık ve neşe anlamını taşıyan bahar mevsimine kavuşmasıyla bitiyor.

> ### MÜKEMMEL BİR NOEL İÇİN İŞBİRLİĞİ
>
> Big Hit'in bütün yıldız sanatçıları yeni Noel klasiği single'ı 2AM'den Jo Kwon, Lim Jeong Hee, 8eight'ten Joo Hee, BTS'ten RM'in eğlenceli rap tarzı ve Jungkook'un gönülleri titreten solosuyla hazırladı ve ortaya "Santa Claus is Coming to Town" (Noel Baba Şehre Geliyor) şarkısı çıktı.

Love Myself (bir UNICEF girişimi)
1 Kasım 2017
BTS ve Big Hit Entertainment, #ENDviolence (#ŞiddeteSON) adı verilen küresel bir kampanyanın bir parçası olarak Unicef ile birlikte Love Myself (Kendimi Seviyorum) kampanyasına katıldı. Programın amacı, dünyanın her yerindeki çocuk ve gençlerin şiddet korkusu olmadan güven içinde sağlıklı bir hayat yaşamasını sağlamaktı.

Kampanyayı desteklemek için BTS, albüm ve koleksiyonluk ürün satışlarından belli bir oranı bağışladı ve hayranlarıyla destekçilerini kampanyaya katılmaları konusunda yüreklendirdi. Toplanan para ev ve okulda hem şiddet hem de cinsel taciz kurbanı olan gençleri koruyup desteklemek ve eğitim programları düzenlemek için kullanılıyor.

BTS hayranları, grubun sevgiye ve desteğe ihtiyaç duyan gençliğe ilgisi karşısında hiç şaşırmıyor. Çıktıklarından beri gençlerin temel mesajı, kişinin kendini ve başkalarını sevmesi üzerineydi. Popülerleştikçe topluma etkileri artarken grubun genç sanatçıları umut, sevgi ve şiddetten arınmış bir toplum için dünya çapında milyonlara ulaşabileceklerini fark ettiler. Dünyayı daha iyi bir yer yapma tutkuları, bugün dünyanın her yerindeki ARMY üyeleriyle yayılmaya devam ediyor.

BTS Depresyon ve Akıl Hastalıkları Konusunda Konuşmaktan Çekinmiyor
Bang PD-nim ya da grup üyelerinin deyimiyle Prodüktör Bang olarak bilinen Bang Si-hyuk, BTS grubunu kurarken toplumun ihtiyaçları doğrultusunda şarkılar yazacak sanatçılar hayal etmişti. Grup bugün kesinlikle bu hayali gerçekleştirdi. Şarkıları bütün açıklığı ve samimiyetiyle toplumun sorunlarına değiniyor.

Suga ve RM, kişisel şeytanlarıyla yaşadıkları mücadeleyi açık yüreklilikle anlattı. Şarkıları ve müzik videoları, bir sanatçının duygusal iç çatışmalarını yansıtmanın yanı sıra hayranlarına ulaşmanın da bir yolu. Hem şarkıları hem müzik videoları hem de diğer etkinlikleriyle BTS, hayranlarına yalnız olmadıklarını, dahası onlara yardım etmeye hazır diğer hayranlardan oluşan bir ORDU olduklarını özellikle vurguluyor.

Suga'nın Agust D adıyla çıkardığı karışık kaset, bir taraftan endişe ve depresyonla cebelleşirken bir yandan da bir idol olma yolunda yaşadığı kişisel sorunları yansıtıyor. Şarkıları yazarken, bulunduğu yere gelirkenki süreçte onlarınkine benzer zorluklarla karşılaştığını hayranlarının da bilmesini fazlasıyla önemsiyordu. Aslında bu şarkılar birlikte bir yol bulma amacına yönelik bir davetti.

"Dünyada herkes yalnız ve üzgün. Herkesin acı çektiğini ve yalnız olduğunu bildiğimize göre, başkalarından yardım isteyebileceğimiz, zorluk çektiğimizde bunu açıkça söyleyebileceğimiz ve özlemlerimizi hiç çekinmeden dile getirebileceğimiz bir dünya yaratabilmeyi umuyorum."
—Suga, *Billboard*, 15 Şubat 2018

BTS'in Birlik Çağrısı

Toplumun beklentilerini körü körüne yerine getirmektense, gençlere hayallerinin peşinden gitmeyi öğütleyen ilk single'ları "No More Dream" şarkısından başlayarak BTS grubu, gençliğin özgürce kendisini düşünmesi gerektiğini savundu. Politik ağırlığı olan "Am I Wrong" şarkısı, dünyada olup biten üzücü olaylara ve yozlaşmaya karşı insanların nasıl tepkisiz kalabildiğine duydukları hayreti anlatıyor. "Spring Day" şarkısı ise yozlaşma ve ihmal sonucu feribota alabileceğinden daha fazla yolcu alınmasıyla okul gezisinde hayatını kaybeden yüzlerce öğrencinin anısına bir saygı duruşu.

Şarkıların ötesinde Bangtan Boys, protestocuları desteklemekten insanların çektikleri acılara son verilmesini istemeye kadar inandıkları her şeyi hiç çekinmeden dile getiriyor.

BTS: BANGTAN TARZI

Yonhap News/YNA/Newscom

Kim Nam-joon / RM

BAŞ: En sevdiği aksesuar kep ya da bere; sadece poz verirken bir şey takmıyor!

BÜYÜK BEYİNLER: IQ 148

GÖZ: Sahnede ağlamamak için kendini zor tutuyor

EL: Hep şarkı sözü yazıyor

DİĞER EL: iPhone telefonunu almadan evden çıkmıyor

BEDEN: Harajuku sokak tarzını ve tasarımcı Yohji Yamamoto'nun tasarımlarını seviyor

BACAK: 90'lar klasiği bol Levi's kot pantolon

AYAK: Dans dehası? Tabii ki değil!

"Kep ya da bere takmadığımda tarzımda eksik varmış gibi hissediyorum. Başıma illa bir şey takmam lazım."

Yonhap News/YNA/Newscom

Kim Seok-jin / Jin

GÖZ: Gözleri çok bozuk olduğu için gözlük ya da lens takıyor

BAŞ: Dünya Çapında Yakışıklı

KULAK: Utandığında kızarıyor

OMUZ: Geniş

EL: Super Mario oynamayı seviyor

DİĞER EL: BTS'in en iyi aşçısı

AYAK: Hevesli bir kar kayakçısı

Bir arabadan çıkarken kameraya yakalandığında o kadar yakışıklı görünüyordu ki bu gizemli gencin kim olduğunu öğrenmek için çıldıran internet kullanıcıları ona "arabadaki yakışıklı" demeye başladı.

Min Yoon-gi / Suga

BEDEN: *Takısız olmaz*

BAŞ: *Sessiz yerleri seviyor*

BEDEN: *Her yerde her zaman uyuyabiliyor*

EL: *Çizgi roman okuyup Ikea kataloğuna bakmayı seviyor*

DİĞER EL: *Basketbol oynuyor*

AYAK: *Michael Jordan ayakkabılarından bir koleksiyonu var*

Sıra dışı bir idol ve sanatçı olmasına rağmen sahne dışındayken Suga sessiz yerleri kalabalığa tercih ediyor.

Jung Ho-seok / J-Hope

BAŞ: *Müthiş sorun çözücü*

AĞIZ: *Yemeye bayılıyor*

YANAK: *Böbürlenirken kızarıyor*

BEDEN: *Spor yapmayı sevmiyor*

BACAK: *Daha çok dar kesim pantolon ve kot seviyor*

EL: *Fancafe'de BTS ARMY'nin yazdıklarını kontrol etmeyi seviyor*

Arkadaşları onu, her soruna bir çözüm bulan Japon mangası robot kedi Doraemon'a benzetiyor.

Park Ji-min / Jimin

BAŞ: BTS'in en kısa boylusu

SAÇ: Bandana ve kep seviyor

GÖZ: Prova öncesi kalem çekiyor

YÜZ: Pofuduk yanaklarını hiç sevmiyor

KARIN: Taş gibi karın kaslarıyla gurur duyuyor

AYAK: Her yerde her zaman dans ediyor

Yetenekli olduğu kadar alçak gönüllülüğüyle bilinen Jimin iltifatlara daha büyük iltifatlarla karşılık veriyor.

Music Choice
Music Choice
musicchoice.com
musicchoice.com
Music Choice
Music Choice
musicchoice.com

Yonhap News/YNA/Newscom

Kim Tae-hyung / V

YÜZ: Boş bakışları yüzünden "Blank Tae" diye çağrılıyor

GÖZ: Fotoğrafçılığa yatkın

SAÇ: Danger müzik videosunu çekerken yanlışlıkla kendi saçını kesti

EL: Tırnaklarını kemiriyor

DİĞER EL: Ağaca tırmanabiliyor (ama inemiyor)

AYAK: Ayakkabı giymeyi sevmiyor

V hayaletlerden korkuyor.

Jeon Jung-kook / Jungkook

YÜZ: *Genellikle duygularını belli etmiyor*

AĞIZ: *Yavan yemeklerden nefret ediyor*

BEDEN: *Genelde atletik*

EL: *Genelde sanatçı*

DİĞER EL: *BTS'in en rekabetçi üyesi*

AYAK: *Ayakkabılara; özellikle Timberland botlara bayılıyor*

Jungkook sürekli burnunu çekiyor, çünkü berbat derecede alerjik bir bünyesi var.

K-POP TERİMLERİ

4D: Tuhaf ya da benzersiz bir kişiliğe sahip kişiler için kullanılan argo kelime. Hakaret değil, iltifattır. Aynı zamanda güçlü bir kişiliği olan ve yaratıcılığıyla herkesten farklı düşünenler için de (genellikle tuhaf anlamında) kullanılabilir. BTS hayranları V'nin kişiliğinin 4D olduğunu söylüyor.

AEGYO: Göz kırpmak, ellerle kalp işareti yapmak ya da öpücük göndermek gibi sevimlilik gösterileri. BTS üyeleri hayranlarına duydukları sevgiyi her zaman sevimli aegyo hareketleriyle gösteriyor, bu hareketler internette gif olarak yayılıyor.

ALL-KILL: Kore'deki sekiz müzik listesinin tümünde bir numara olmak: MelOn, Mnet, Bugs, Olleh; Soribada, Genie, Naver ve Monkey3.

BAGEL: Müthiş seksi vücuda sahip bebek yüzlü erkek. Tıpkı Park Ji-min gibi!

BEAGLE: Gürültücü ve bir an için bile yerinde duramayan idol. Beagle unvanını kazananlar genellikle yüksek sesle konuşur, şakalar yapar ve hınzırlıklarıyla bilinirler.

BIAS: Her koşulda desteklediğiniz, çok sevdiğiniz ve büyük hayranı olduğunuz grup üyesi. Ancak her BTS hayranının bias'ı yoktur çünkü BTS söz konusu olunca seçim yapmak hiç ama hiç kolay değildir.

COMEBACK: Yeni bir şarkının, albümün ya da single'ın ilk yayını.

DAEBAK: Büyük başarı.

DONGSAENG: Yaşı küçük arkadaş. Birine sevgiyle "ufaklık" demek gibi.

FANCHANT: Belli bir şarkıya eşlik etmek üzere düzenlenmiş tezahürat. Bazen "DNA" gibi şarkıdaki belli kelimeler tekrarlanır. Bazen de hayranlar grup üyelerinin isimlerini belli bir sırada haykırır: Kim Nam-joon! Kim Seok-jin! Min Yoon-gi! Jung Ho-seok! Park Ji-min! Kim Tae-hyung! Jeon Jeong-guk! BTS!

HALLYU: "Kore dalgası." Hayranlar dünyasında yemek, TV, dil ve tabii ki K-Pop olmak üzere Kore'deki her şey.

HYUNG: Gruptaki maknae olan Jungkook için diğer bütün üyeler birer hyung. Kızlar kendilerinden büyük kızlara unni, kendilerinden büyük erkeklereyse oppa derler. Erkeklerse kendilerinden büyük erkeklere hyung, kendilerinden büyük kızlara noona derler. Unni ve noona "abla" olarak çevrilebilir. Oppa ve hyung ise "ağabey" anlamındadır.

KKAB: Bir beagle sevimlilikte sınırları aşıp rahatsız edici bir hal aldığında kkab denir.

JJANG: En iyisi! Bir şeyi beğendiğinizde iki başparmağınızı havaya dikip "Jjang!" dersiniz.

MAKNAE: Grubun en küçüğü. BTS grubunda maknae tabii ki Jungkook.

MANHWA: Kore dilinde çizgi roman. Manga, animasyon ve webtoons aynı kapsamdadır. Hip-Hop Monster (ya da Hipmon) ve We On, BTS'in resmi webtoon yayınlarıdır.

MUKBANG: Seyirciyle konuşurken kocaman bir tabak yemek yiyen Koreli bir idolün videosu. Eat Jin! mukbang serisi YouTube'da çok popüler oldu.

OPPA: Teknik olarak "ağabey." Kızlar bu kelimeyi sevgilileriyle konuşurken ya da sevgililerinden bahsederken de kullanır.

OTP: Birbirine çok yakışan bir ikili. OTP, K-Pop kültürünün çok önemli bir unsurudur. Hayranlar sevdikleri idolleri genellikle cinsiyetlerine bakmaksızın birbirlerine yakıştırıp hayaller kurmaya bayılır. BTS hayranları, BTS üyelerinin hangisinin hangi grup arkadaşıyla ya da diğer K-Pop yıldızlarıyla iyi bir ikili olacağına dair sayısız fikir ortaya atmaktadır. Bu yakıştırmalar genellikle iki ismin birleştirilmesiyle yeni bir isim doğurur. Jungkook ve Suga'da olduğu gibi: SugaKookie!

SASAENG: İdollerine yaklaşabilmek için çılgın şeyler yapan takıntılı hayranlar. BTS'i ne kadar severseniz sevin, sakın bir sasaeng olmayın. Bunun yerine ARMY'ye katılabilirsiniz!

SATOORI: Aksan. Kore dilinde iki satoori bulunmaktadır: Daegu ve Busan. Jimin bazen Busan aksanı yüzünden utanıyor, ama V kendi Daegu aksanıyla gurur duyuyor. Seul'da yaşayanlar ülke aksanlarının güzel olduğunu düşünüyor!

SELCA: "Self" ve "Camera" kelimelerinin birleşimi. Kore dilinde "selfie." Bangtan Boys, adeta birer selca ustası. Hayranları için her fırsatta selca paylaşıyorlar. Hatta hayranlarıyla birlikte paylaştıkları da oluyor.

SOOMPI AWARDS: Kore televizyon ve müzik dünyasındaki en iyileri seçen bir hayran oluşumu. Yılın en iyileri internet üzerinden kullanılan oylar, idol ya da grubun dünya çapındaki popülaritesi ve Soompi Müzik Listesi'ndeki sıralamalar değerlendirilerek belirleniyor.

SSANTI: İdollerin hayranları için yaptıkları aptalca danslar. Bütün BTS üyelerinin hayranları çıldırtan dans hareketleri var, ama kamera arkası görüntülerdeki ssanti tarzı popo sallamaları da çok meşhur.

TRAINEE: K-Pop yıldızları ilk çıkışlarını yapmadan önce aylar boyunca çok sıkı eğitimden geçer, sıkı bir diyet eşliğinde ağır bir egzersiz programı uygular. Bununla birlikte uzun saatler çalışırlar. Türkçede "öğrenci" ya da "stajyer" denilebilir. Eğitimi biten stajyer artık bir idoldür.

TSUNDERE: Japoncada dalgın kişi anlamına gelen tsun ile sevgi anlamına gelen dere kelimelerinin bileşimi. Başta soğuk davransa da zamanla diğerlerine sıcak davranan biri için kullanılır. Hayranları Suga'nın bir tsundere olduğunu düşünüyor.

VISUAL: Türkçede görsellik. Grubun en yakışıklı üyesi anlamında kullanılıyor. Her zaman "grubun yüzü" anlamına gelmediği gibi çoğunlukla grubun en popüler üyesi için de kullanılabilir. BTS grubunda görsellik rolünü kendine "dünya yakışıklısı" diyen Jin üstlenmiş durumda.

Hayran Sorusu: Bangtan Boys 20 yıl sonra da "Bangtan Boys" olarak kalacak mı?

"Tabii ki. Yirmi yıl sonrasını şimdiden bilmek zor, ama isimlerimiz değişebilir. Çok düşündüm. "Bangtan Middle-Aged Group," "BTS," "Bangtan Man" falan. Ama isim önemli değil. Önemli olan, yirmi yıl sonra bile bir arada olmayı isteyecek bir grup olabilmek."

—RM, AJx The Star ile grup röportajı

BTS VE
DİĞER ORDU

Güney Kore yasaları gereğince on sekiz ve otuz beş yaşları arasındaki bütün erkeklerin yirmi dört ay askerlik yapması gerekmektedir. Menajerler ve prodüksiyon şirketleri önceden askerliği ertelemek ya da sanatçılarının ne zaman askerlik yapacağına karar verme yollarına gidebilirken, yeni bir yasayla pop yıldızlarına ayrıcalık tanınmayacağı, dolayısıyla askere çağrıldıklarında birliklerine teslim olmaları gerektiği karara bağlanmıştır. Kore pop kültür dalgası (Hallyu) hayranları, en sevdikleri film ve TV yıldızlarının bir süre ortadan kaybolmasına alışık. Prodüksiyon şirketleri sıklıkla askerlik sonrası geri dönüşleri son derece gösterişli bir şekilde karşılıyor.

Bangtan Sonyeondan ne zaman askere çağrılır? Müzikleri, hayranları ve performansları bundan nasıl etkilenir? Bunu ancak zaman gösterecek.